书山有路勤为径，优质资源伴你行
注册世纪波学院会员，享精品图书增值服务

运营管理

O P E R A T I O N S

管理

M A N A G E M E N T

写给中层经理人的
运营管理工作手册

郜军 · 著

电子工业出版社
Publishing House of Electronics Industry
北京 · BEIJING

图书在版编目（CIP）数据

运营管理：写给中层经理人的运营管理工作手册 / 郜军著. —北京：电子工业出版社，2023.2

ISBN 978-7-121-45066-2

Ⅰ．①运… Ⅱ．①郜… Ⅲ．①企业管理—运营管理 Ⅳ．①F273

中国国家版本馆 CIP 数据核字（2023）第 028683 号

责任编辑：杨洪军

印　　刷：涿州市般润文化传播有限公司

装　　订：涿州市般润文化传播有限公司

出版发行：电子工业出版社
　　　　　北京市海淀区万寿路 173 信箱　　邮编 100036

开　　本：720×1000　1/16　印张：15.5　字数：298 千字

版　　次：2023 年 2 月第 1 版

印　　次：2025 年 9 月第 4 次印刷

定　　价：68.00 元

凡所购买电子工业出版社图书有缺损问题，请向购买书店调换。若书店售缺，请与本社发行部联系，联系及邮购电话：(010) 88254888，88258888。

质量投诉请发邮件至 zlts@phei.com.cn，盗版侵权举报请发邮件至 dbqq@phei.com.cn。

本书咨询联系方式：(010) 88254199，sjb@phei.com.cn。

前言

故事一　调研时间只给我两天

这是发生在 2012 年 12 月的一个真实案例。一家生产集成电路板原材料（硅微粉）的企业，通过朋友介绍，让我帮助该企业梳理一下整体绩效目标，前提是"调研时间只给我两天"。

接到这样一个极具挑战性的任务，我首先想到，要完成这个任务，不外乎两种方式：一是，带着答案去企业，走个形式给出答案。但是这种方式都说服不了我自己，因为企业之间尽管业务属性存在相似性，但是内部管理的逻辑会有差异，"草率给答案"这种方式是对客户的不负责。二是，通过提前了解企业的基本资料，做好前期准备，再深入企业，提高工作效率。但是，针对我提出的资料需求，企业能够提供的并不完备，所以这种方式也没有带来真正的价值。

最终，我选用了一个看似"很笨"却最有效的方式。那就是通过访谈各个业务板块负责人的工作职责，以及业务之间的输入、输出等关键要素，来厘清企业整体运营的关键路径和重点管理环节。通过对企业产品价值实现过程的全景化展示（见图 0-1），特别是针对业务管理关键行为的描述和排序，使我对企业产品价值实现过程有了一个清晰的认知。

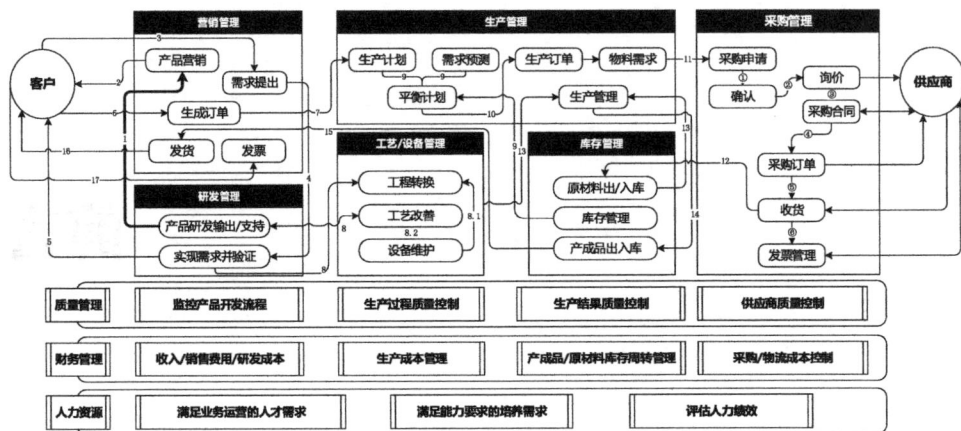

图 0-1　企业产品价值实现过程的全景化展示

在图 0-1 的基础上，我继续针对每个业务板块，提炼出该业务板块的关键绩效指标及方向，其中包括过程类绩效指标和结果类绩效指标（见图 0-2）。

图 0-2　业务板块的关键绩效指标及方向

该项目的交付结果得到了企业中高层管理者的高度认可，这也是我第一次尝试使用这种方式为客户提供绩效指标体系。

【启示】企业绩效指标体系的搭建，离不开对企业价值实现全过程的构建与完善。脱离价值实现过程的绩效指标体系，一定是一个空洞的、自以为是的绩效指标体系。因为每个绩效指标的设定必须为企业的最终价值服务。指标之间的联系就是业务之间的价值输入和输出过程。

所以，构建企业价值实现的过程，是构建企业绩效指标体系的核心基础。

故事二　我知道客户在哪里

2013 年，我有幸参加了为一家大数据公司梳理与构建运营管理体系的项目。这家公司是我国最早从事大数据管理商业化的企业之一，后来在公司 B 轮融资的时候，被国内知名电商收购，负责该电商的大数据运营业务。

当我第一次到这家公司调研时，总经理告诉我："目前公司最需要解决问题的业务板块就是营销，因为客户开发存在很大问题。"我非常理解他的烦恼。因为任何公司的最高管理者一定会时刻关注公司的现金流。这个看似与项目不完全一致的问题，却反映了我们梳理与构建运营管理体系的重要价值。

完成调研后，我首先从该公司的整体运营逻辑出发，全面构建运营管理体系，并将每个业务的最基本管理动作，从先后顺序和衔接关系两个角度进行了全面梳理，最终形成了图 0-3 所示的运营管理体系框架。

在我为总经理、销售总监、运营总监讲解完图 0-3 之后，他们立刻发现，公司最大的客户资源在服务管理这个板块，即做大数据服务体验的"潜在客户群体"，核心问题出在 11、13.1 两条价值流上。同时，他们以及产品方面的技术专家，也看到了在从技术到产品实现过程中需要改善很多问题（价值流 6）。

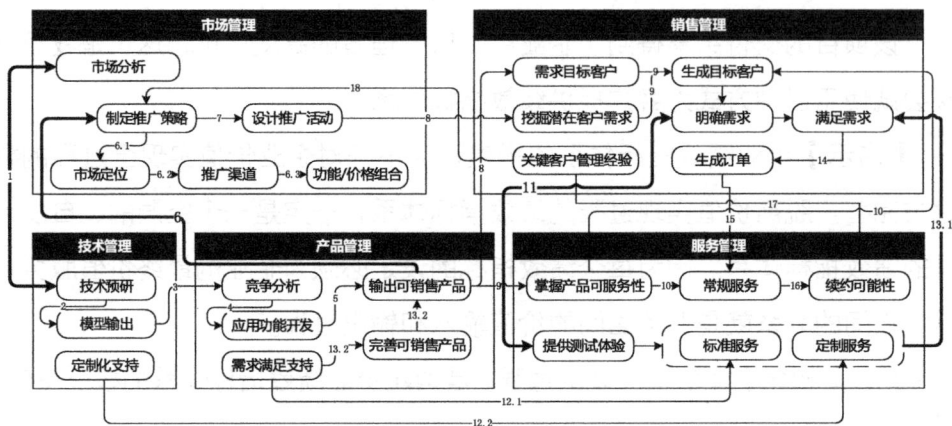

图 0-3　运营管理体系框架

【启示】企业是由多种运营要素组成的系统，当某个环节出现问题时，除了该业务板块的专业管理能力，很有可能是在前端的管理环节中埋下了问题的隐患。所以，管理者不仅要看到问题本身，更要看到产生问题的源头。价值是一个流动的要素，组织内部的每个管理动作是否都在为组织价值带来增值，是我们必须关注的问题。

"先连起来想，再分开来看"，这是我们理解和思考管理问题的首要方法。

故事三　带我们所有中层开一次业务分析会

2016 年，我受邀与一家医疗设备公司的董事长见面。他告诉我："我们刚刚收购这家公司。收购之后，从产品最终的质量和产品及时交付角度，我们感觉业务管理方面存在很多问题，但是又看不出问题在哪里。希望你能够带我们所有中层开一次业务分析会。"同时，我也得知该公司所有的投资人都要来旁听会议，看来这是一个非常重要的会议。

于是，我抓住产品质量稳定性和产品交付及时性这两个核心问题，访谈了公司产品研发、生产管理、采购供应链、营销管理等业务部门。之后，结合我过去从事该业务领域的管理经验，很快完成了该公司价值实现的全过程描述。

在这次业务分析会上，我把核心业务价值实现过程进行了全面展示，并着重将从产品定义到产品注册成功再到产品内部发布的价值流（见图0-4），呈现在各位管理者面前，并让他们从中找出当下存在的管理缺失。

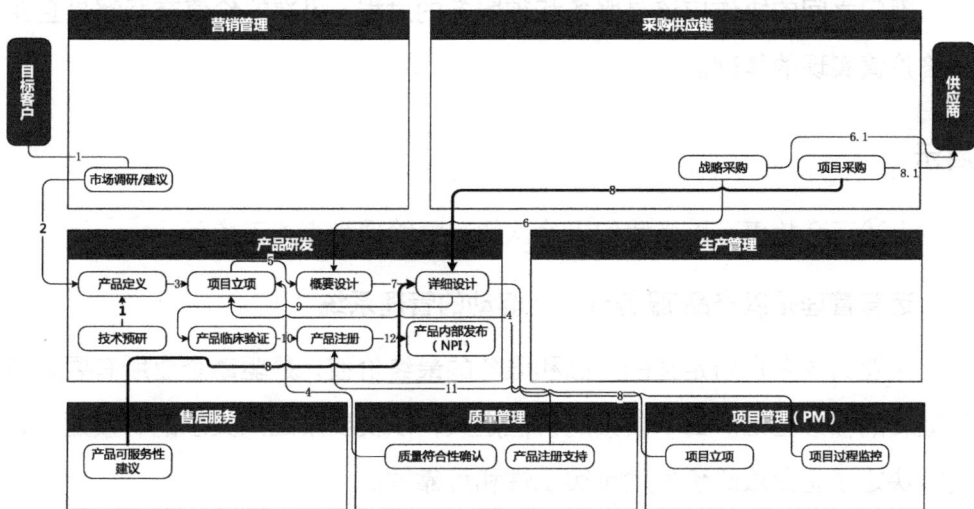

图0-4　从产品定义到产品注册成功再到产品内部发布的价值流

在会上，我要求每个小组（部门）都按照自身业务价值的输出标准（应该交付的管理成果）进行全面评估，然后再按照业务价值在组织内部的传递、实现过程，进行价值的全面评估，查找现实业务中哪条线断了，哪个模块缺失了。

通过一天的研讨，大家一共发现了19个问题（粗线价值流8存在的问题最多），然后，我带着大家围绕这19个问题进行逐一分析。

最后的结论是，这19个问题没有一个是大问题，都是基本管理职责的缺失导致的。但是，这些问题加在一起就变成了影响产品质量和产品交付的大问题。当我们得到这样一个结论并清楚未来改善方向的时候，该公司的董事长（坐在教室最后一排）给我竖起了大拇指。

【启示】产品和服务的最终价值是由组织各要素通过业务实现有效衔接，并完成自身应有的价值增值活动带来的。业务之间的衔接关系决定了每个业务的价值如何变成组织最终价值的组织形式。理顺组织各要素之间的关系，才能够保证组织所有要素在每次流动中实现有效增值。

部门之间的协作应该是服务和被服务的过程，每次的价值交互都是企业最终价值实现的基础。

启示

上述三个故事可以为我们正确认知运营管理带来如下启示。

运营管理是以产品/服务价值为驱动的管理系统

企业面向客户所定义的产品和服务的最终价值，是驱动企业所有要素有效运转的核心基础。每个要素的价值定义，以及要素之间关系的有效建立，直接决定了企业最终价值的可实现性和可靠性。

价值流是每个有价值的要素实现连续性和周期性流动与增值的价值通道

价值流是一个产品通过其生产过程的全部活动（包括增值和非增值的活动）。其中，有两个流特别重要，即从概念到投产的设计流，以及从原材料到交付客户手中的生产流。所有要素都在价值通道上实现连续性和周期性的运转。所谓连续性，是指要素在企业内、外供应链上连续不断地流动，任何一个环节的断流都将影响产品和服务的最终价值。连续和对称是价值流管理中非常重要的需求。所谓周期性，代表着企业的运营管理是在一个无限重复的过程中为客户持续提供产品和服务的价值。任何产品和服务都有其生命周期，产品的生产和销售也会随着季节的不同产生需求的周期性变化，这一切决定了价值流在企业运营中的循环周期和循环次数。

价值流是企业业务流程管理的顶层设计与规划

流程是基于任务的管理（输入、活动、步骤、对象、价值、输出、资源、控制），而价值流是基于业务价值（职责）的管理。当每个业务部门尚不清楚应该履行的职责是什么时，流程是走不通的。因此，企业在构建和优化业务流程的过程中，必须从企业整体价值流的构建，以及业务价值（职责）的定义开始。

可视化是企业运营管理的追求

隐蔽性是价值流的主要特点，其隐藏在企业整个供应链（端到端，从客户的客户到供应商的供应商）的运作过程中。只有沿着产品/服务价值实现的路径，进行全景化展示，才能实现发现问题、解决问题的运营管理目标，这也是统一企业管理语境的主要方法之一。

在过去几年，我利用价值流的理念和方法，帮助医疗、健康、制造、房地产等诸多行业的客户，梳理并构建了企业整体运营管理体系。同时，通过对每个子价值流运营管理关键要素的梳理，以及它们内在的管理关系和管理标准的建立，这种方法也为诸多专业领域的业务改善带来了很大帮助。由此可见，这种方法具有更为广泛的应用价值。

运营管理不仅是企业高层管理者的责任，更是中层管理者的责任。不论什么样的企业，只有通过对价值流的构建、执行与完善，才能实现企业各层管理者对效率和效益的一致性认知。

撰写本书的目的是帮助企业管理者（尤其是中层管理者）：

（1）明白价值流理念在企业运营管理中的价值。企业运营管理的核心，是为了保证企业为客户提供的产品和服务的价值完整地、有效地、快速地交付。因此，我们必须关注和管理好产品和服务在企业内、外部的价值流动。

（2）清晰定义企业各个业务部门的存在价值。面向企业最终价值的实现，正确定义每个业务部门①的输出价值，是每个管理者必须清楚的管理目标。

（3）利用价值流理念准确构建企业的运营管理体系（企业整体及业务自身），以及各个部门之间的协调关系，为企业最终价值的实现，发挥各个业务部门的作用。

价值流存在于企业的每个业务部门，让我们去发现它、掌握它、应用它，为了企业最终价值的实现，持续提升各个业务部门的资源准备度和能力准备度。

① 正文中也称"业务管理"或"业务板块"。

目录

第 1 章

企业运营管理的核心内涵

正确定义运营管理

运营管理，作为现代管理学的一个分支，已经越来越被大家所熟悉。

运营管理，是指对企业运营过程的计划、组织、实施和控制，是与产品和服务价值创造密切相关的各项管理工作的总称。其管理的边界，是从企业的供应商到客户之间的全部链条（按照供应链管理的定义，这个边界还可以进一步扩展，即从客户的客户，到供应商的供应商）。

在这个定义中，最重要的描述是"与价值创造密切相关"。什么是密切相关？如何实现密切相关？

要弄清楚这两个问题，必须了解运营管理的核心，即要素、关系、增值。

1. 要素

所谓要素，是指在实现客户价值的过程中，企业必须具备的生产要素、人力资源要素、工具方法要素及外部资源要素等。这些要素存在于企业运营管理的体系框架中。通过对不同运营管理体系的结构设计和实施方式的设计，企业将这些零散的要素进行有效的分类。

2. 关系

所谓关系，是指在运营管理体系下的各个业务单元通过何种方式实现要素之间的有效连接。这种连接直接决定了企业实现客户价值的流动方式，最终评估的关键点是效率。

3. 增值

所谓增值，是指评估要素之间的每一个连接及流动，是否能够实现面向客户的最终价值、实现流动过程的增值，最终评估的关键点是效益。

从要素到关系管理的核心抓手是价值流，以及价值流下的关键业务流程。

从关系到增值管理的核心抓手是通过不断的识别价值流及业务流程下的浪费及制约，并采取必要的改善措施，理顺要素之间的关系，实现每个运营管理过程的价值增值。

明了效率的定义

效率提升是运营管理的终极目标。

在运营管理中，有人将效率定义为多、快、好、省四个字，乍一看好像没有问题。但是，如果按照这种简单的定义来指导运营管理，就会存在很多问题。

例如，企业提供的是定制化的产品，那么每个订单都是一个独立的需求。如果为了满足客户需求，按照客户提供的产品标准过度生产，企业就会由于生产过剩带来库存增加。而这种产品并不是其他客户的需求，因此必然会给企业带来浪费。

再如，在很多企业经常会出现前端销售预测不准确的现象。当月实际销售的产品并不在当月的生产计划中，使没有列入生产计划的需求大幅增加，这就给后端的生产带来了很大的不确定性，打乱了正常的生产、采购节奏，并产生了资源浪费。但是因为销售是企业运营管理的重点，所以很多企业为了满足前端销售的不确定性，要求后端的生产尽可能地生产多品种、多规格的产品，这就给企业带来了很大的库存积压。这是典型的前端不确定性给企业带来的后端浪费，不是企业所追求的效率。

对效率的定义，应该从三个方面进行思考，即是否增加产出、是否降低运行费用、是否降低库存[①]。

【举例说明】

在一条流水线上，有四个标准工位，每个工位的员工每小时的产出是不一样的。其中，工位 3 的单位时间产出，与其他三个工位的平均产出略有不同，如图 1-1 所示。

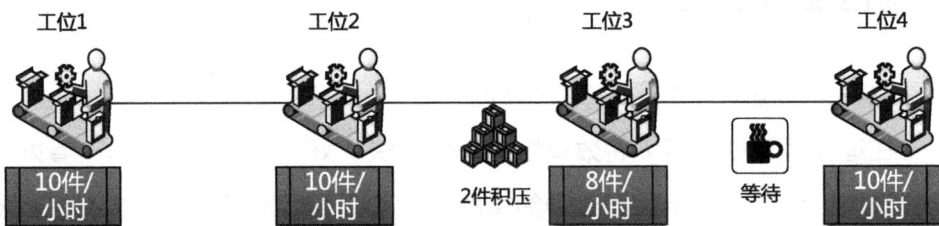

图 1-1　流水线效率现状

在这种情况下，可以得出如下结论：

- 该条流水线每小时的平均产出是 8 件，这也是木桶理论的基本原理。
- 在工位 3 之前，由于前两个工位的单位产出都是 10 件，因此在工位 3 就会存在 2 件在制品的积压。
- 由于工位 3 的每小时产出是 8 件，工位 4 的每小时产出是 10 件，那么工位 4 的员工就会出现等待的现象。

由此可见，这条流水线的工作效率出现了"增加库存、增加等待"的低效率表现。

在改善的过程中，由于管理者很容易看到工位 3 出现了短板，因此就习惯性地采取了改善措施，即在工位 3 增加生产力，如图 1-2 所示。

---

① 约束理论创始人高德拉特所提出的效率定义。

工位1　　　　　　工位2　　　　　　工位3　　　　　　工位4

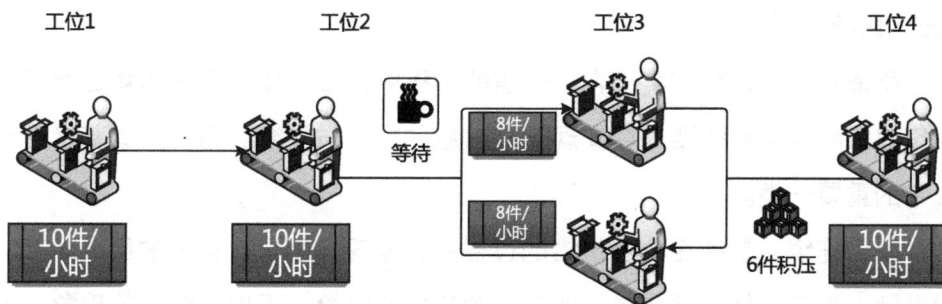

图 1-2　流水线效率改善措施

如果按照这种改善措施，我们就很容易看到，在工位 4 之前将增加 6 件在制品的积压，在工位 3 之前将出现等待的现象。这种改善并没有使整条生产线的效率得到提升。因为其"增加库存、增加等待"的现象并没有被消除。

【结论】通过上述案例我们可以发现，如果按照效率的定义，现有改善措施并没有真正提升生产效率。要真正提升生产效率，按照约束理论的原理，第一步是要让整条生产线的其他三个工位都按照工位 3 的节拍减少单位时间产出。第二步是想办法挖掘工位 3 的产能，释放该瓶颈的潜能。在采用这些措施之后，如果还没有达成预期，那么要么修改工艺，要么接受现实，对整条流水线采取降速策略，避免库存的增加。

因此，对是否增加产出、是否降低运行费用、是否降低库存这三个方面同时进行思考，才能让管理者对效率的定义有一个全面的理解。

定义运营管理体系

运营管理体系通常由系统和过程管理两个方面构成。

1. 系统

系统包含物资系统和管理系统。

物资系统的管理重点是，要保证基于企业价值创造过程所需物资的对应和连续的管理。

所谓对应，是指在实现客户价值的过程中，每个环节所需的物资能够按照价值和服务设计的要求，实现——对应的准备与供给。物资是运营管理要素中的重要一类。

所谓连续，是指在物资供给的过程中，能够按照价值实现的每个环节，如设计、生产、转运等要求，实现连续的物资供给，不出现断供的现象。连续性是运营管理中的重要要求。

管理系统的管理重点是，通过必要的管理手段，实现业务整体运营效率管理，以及每个环节和过程的价值增值评估，以保证产品和服务最终价值的可靠性。

2. 过程管理

过程管理是围绕投入、转化、产出三个关键点，进行全面的评估与改善。投入的评估点是资源的对应性和连续性；转化的评估点是职责的完整性和职能的匹配度；产出的评估点是根据企业对产品和服务的最终价值定义，评估价值实现过程每个环节业务价值的可达成性。

业务价值的可达成性首先取决于运营过程中各个业务板块自身职责的完整性和职能的匹配度。只有满足这个前提，才能实现整体运营过程的可控，以及效率和效益的最大化。

甄别运营管理的三个流

在运营管理体系中，将所有管理活动进行有效连接的是三个流，即产品流、信息流和资金流。

1. 产品流

产品流是运营管理体系中的实物流，是实物从供应商向客户方向流动的

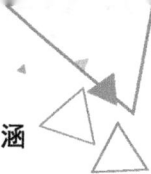

全过程，也是运营管理的重要载体。运营管理体系之所以存在，是因为有产品流的存在。

2. 信息流

信息流是双向流动，构成了运营管理体系的神经系统。它支配着产品流和资金流的运作。信息流是信息的流动，而信息是业务运作的数据表现。由此可见，要想完成企业运营管理的数据分析，首先就要建立运营管理体系下的信息流动方式，以及每个阶段的信息呈现方式。这有助于企业抓取目标数据，完成趋势分析和差距分析，并以此指导运营管理的持续改善。从管理的角度来看，信息流管理的最基本要求是对称和连续，也只有这样，企业才能了解产品和服务的价值在企业内、外部的流动方式。

3. 资金流

资金流是资金从客户流向供应商，是组织运营的血液。资金流既包括成本的资金流，也包括收益的资金流。资金流管控的关键点在于其均衡性、标准性、安全性。均衡性决定了企业现金流的周转节奏，这对于企业的生存是至关重要的；标准性决定了企业运营过程中每个管理活动的成本标准，这对于企业的盈利能力起着关键的作用；安全性意味着企业的现金流管理必须保证资金的安全性，因为其影响着企业经营的安全性。

识别运营管理的三个活动

不论是从效率的角度还是效益的角度，运营管理的核心任务之一就是聚焦业务过程的增值管理。要完成这个任务，就必须关注三类活动，即增值活动、不增值活动、不增值但必要活动。

1. 增值活动

增值活动是指在产品和服务价值实现的过程中，那些能够为最终价值带来增值的所有管理活动。每一次的增值都将为产品和服务最终价值的实现带来助力。判断一个管理活动是否对产品和服务带来增值，依据是其是否产生了物理变化和化学变化。特别重要的是，客户未来愿意为此类活动付费。

2. 不增值活动

对照增值活动的标准，不增值活动是指没有对产品和服务的最终价值带来增值的活动，也就是浪费。特别重要的是，客户不会为此类活动付费。不增值活动在企业中大量存在，是消耗企业运营资源的主要源头，是管理者必须关注并降低频次的活动。

3. 不增值但必要活动

不增值但必要活动是指那些不创造价值，但是在整体系统中还需要，不能马上取消的活动，如搬运。为了消除这类活动，需要对现有的运作系统做出较大的改变，如采取自动化方式等。但是，这些改变不可能马上实施，需要一个长时间的评估、规划、投入的过程。因此，围绕这类活动，运营管理的核心目标是要将其数量和出现的频次降到最低。当企业需要系统性调整运营管理体系和过程规范的时候，这类活动就是企业尽可能修正和改善的重点。

运营管理案例分析

为了将上述运营管理的内涵与关键任务更加真实地与企业管理相结合，下面通过一个真实案例来做全面阐述。

【案例背景】2008 年 9 月 15 日上午 10 点，拥有 158 年历史的美国第四

大投资银行——雷曼兄弟公司向法院申请破产保护，消息瞬间传遍地球的各个角落。

匪夷所思的是，在如此明朗的情况下，德国国家发展银行在 10 点 10 分居然按照外汇交易协议，通过计算机自动付款系统向雷曼兄弟公司即将冻结的银行账户转入了 3 亿欧元。毫无疑问，这 3 亿欧元将是肉包子打狗——有去无回。

转账风波曝光后，德国社会舆论哗然。销量最大的《图片报》在 9 月 18 日头版的标题中，指责德国国家发展银行是迄今为止德国最愚蠢的银行。

法律事务所的调查员先后询问了该银行各个部门的数十名职员，几天后，他们向国会和财政部递交了一份调查报告。报告并不复杂，只是记载了被询问人员在这 10 分钟内忙了些什么。

- 首席执行官乌尔里奇·施罗德：我知道今天要按照协议约定转账，至于是否撤销这笔巨额交易，应该让董事会讨论决定。
- 董事长保卢斯：我们还没有得到风险评估报告，无法及时做出正确的决策。
- 董事会秘书史里芬：我打电话给国际业务部催要风险评估报告，可那里总是占线，我想还是隔一会儿再打吧。
- 国际业务部经理克鲁克：星期五晚上准备带上全家人去听音乐会，我得提前打电话预订门票（所以电话占线）。
- 国际业务部副经理伊梅尔曼：忙于其他事情，没有时间去关心雷曼兄弟公司的消息。
- 负责处理与雷曼兄弟公司业务的高级经理希特霍芬：我让文员上网浏览新闻，一旦有雷曼兄弟公司的消息就立即报告，现在我要去休息室喝杯咖啡了。

- 文员施特鲁克：10 点 3 分，我在网上看到了雷曼兄弟公司向法院申请破产保护的新闻，马上就跑到希特霍芬的办公室，可是他不在，我就写了张便条放在他的办公桌上，他回来后会看到的。
- 结算部经理德尔布吕克：今天是协议规定的交易日子，我没有接到停止交易的指令，那就按照原计划转账吧。
- 结算部自动付款系统操作员曼斯坦因：结算部经理德尔布吕克让我执行转账操作，我什么也没问就做了。
- 信贷部经理莫德尔：我在走廊里碰到了文员施特鲁克，他告诉我雷曼兄弟公司的破产消息，但是我相信高级经理希特霍芬和其他职员的专业素养，一定不会犯低级错误，因此也没必要提醒他们。
- 公关部经理贝克：雷曼兄弟公司破产是板上钉钉的事，我想跟乌尔里奇·施罗德谈谈这件事，但上午要会见几个来自克罗地亚的客人，等下午再找他也不迟，反正不差这几个小时。

3 亿欧元就是在这样的背景下在 10 分钟内丢失了。

德国经济评论家哈恩说，在这家银行，上到董事长、下到操作员，没有一个人是愚蠢的。可悲的是，几乎在同一时间，每个人都开了小差，加在一起就创造了德国最愚蠢的银行。

实际上，只要当中有一个人认真负责一点，这场悲剧就不会发生。演绎一场悲剧，短短 10 分钟就已足够。

根据上述背景，很多人都会问：谁应该对此事负责？如果要实现损失最小化，管理者应该采取什么措施？

这 10 分钟的过程如图 1-3 所示。

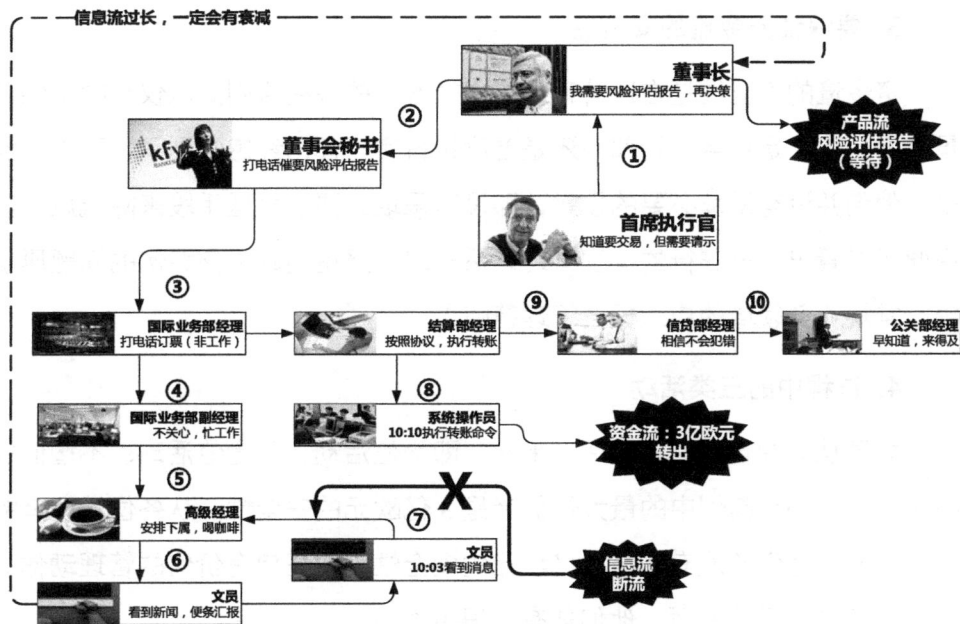

图 1-3　10 分钟悲剧背景全过程展示

【案例分析】通过 10 分钟悲剧背景全过程展示，我们可以利用运营管理的理念对该过程做一个全面分析。

1. 过程中的产品流、信息流和资金流

这三个流是运营管控的核心要素。从该案例中不难发现：

- 产品流，是围绕是否转账的风险评估报告。
- 信息流，是围绕雷曼兄弟公司是否处于破产保护的消息。
- 资金流，是按照合同约定需要转账的资金（3 亿欧元）。

2. 信息流要求对称和连续

对称和连续是信息流管理的最基本要求。在该案例中很容易看到，信息流在第⑦环节出现了断流，是以便条的方式静止在办公桌上了。造成这种结果的原因，表面上是高级经理离开了办公室，但更为重要的是决策层与信息获取层之间的链路过长，导致中间环节信息衰减。

3. 要保证资金流的安全性

资金流的安全性是在运营管理中必须遵守的底线原则。从仅有的案例背景来看，不论是业务主管部门还是首席执行官，都已经感知到了危险性。但是，他们并没有采取必要的预案，即没有采取必要的管理手段来降低风险。由此可以看出，该银行的运营管理体系出现了严重问题（该案例的问题属于银行常规业务领域的应急预案管理范畴）。

4. 过程中的三类活动

如果从运营管理的三类活动来看，即增值活动、不增值活动、不增值但必要活动，那么案例中的最大价值就是 3 亿欧元的安全性。从各位管理者的行为来看，他们并没有围绕 3 亿欧元的安全性采取任何有价值的管理动作。

在不增值活动方面，他们却有了很多表现：

- 首席执行官的"知道，但需要请示"；
- 董事长的"需要风险评估报告"；
- 董事会秘书的"电话占线，等会再打"；
- 国际业务部经理的非工作行为；
- 国际业务部副经理的"不关心"；
- 高级经理的"安排下属，自己喝咖啡"；
- 结算部经理的"下达执行指令"；
- 信贷部经理的"看见了，相信"；
- 公关部经理的"早知道，来得及"；
- ……

这些不增值活动在黄金时间段内（10：03 至 10：10）频繁地发生，带来的结果必然是可以想象的。

5. 谁是最终责任人

对这样的过程最为直观的看法有如下几种：

- 文员的错。当她发现高级经理不在办公室的时候，就应该找到他，而不是只写一个便条。
- 国际业务部经理的错。他在上班时间办理私事。
- 高级经理的错。他不应该把这么重要的工作安排给文员。
- 信贷部经理的错。她已经看到了文员，知道了消息，但是没有引起其他人的注意。
- 公关部经理的错。他早就预感有问题，但是没有及时向首席执行官反映。
- 董事长的错。对这么重要的事，最高管理者应该及时给予指示。

甚至，有人会说上述所有人都错了。

如果人们普遍存在这些看法，那么就没有真正理解什么是运营管理，更没有理解首席执行官与董事长在运营管理中的责任定位。因为：

（1）运营管理的终极目标是在保证效率的前提下，实现价值的增值。即使没有增值，也要关注如何将损失降到最低。

（2）首席执行官是运营管理的第一责任人，承担着董事会赋予的责任，行使着管理权。

（3）董事长是公司治理的第一责任人，承担着为管理团队创造良好运营环境的责任，如股权环境、投资环境等。

所以，在本案例中最应该承担管理责任的是首席执行官。

【解决方案】（见图 1-4）

首先，必须在第一时间阻断损失产生的机会。由于已经预感到存在转账风险，因此首席执行官的首要责任就是要将风险降至最低。首席执行官通过给结算部发出阻止转账的指令，防止资金流失，是将损失降至最低的最直接的管理手段。

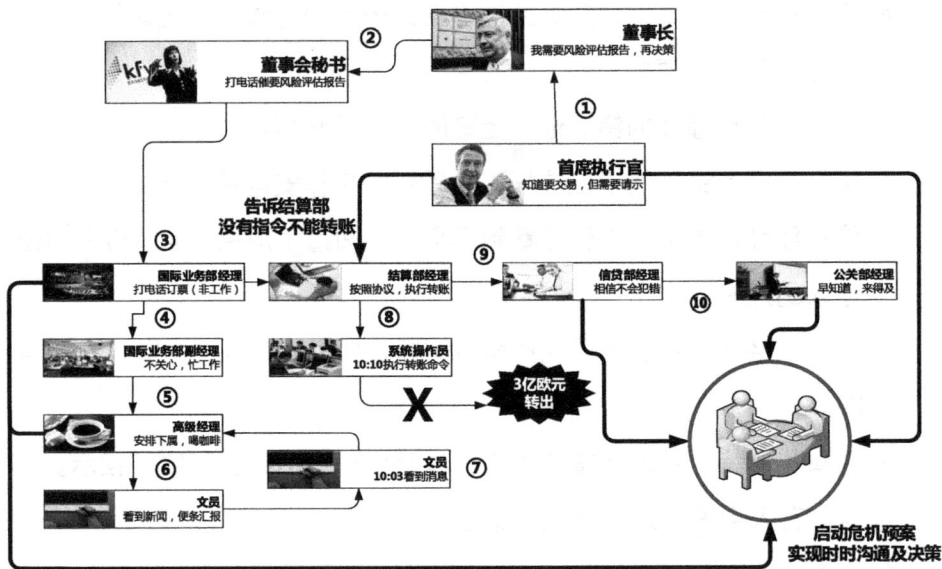

图 1-4　10 分钟悲剧解决方案

其次，要让国际业务部、信贷部、公关部等部门负责人，与首席执行官进行临时合署办公，降低信息准确性和及时性的衰减，保证信息畅通。其中，国际业务部负责外部信息的搜集与评估；信贷部负责与雷曼兄弟公司合作协议/合同的内涵评估，做好最坏的准备；公关部负责危机预案的准备，也就是如果判断不准而产生了违约，企业该如何应对。

这样做才是运营管理的最佳表现。

通过对上述案例的分析，企业可以进一步强化管理者在运营管理方面更加全面、深刻、现实的认知。运营管理通过一系列有效的管理行为为企业的最终价值提供着保障。

区别企业不同的价值创建模式对运营管理的要求

企业运营管理的最终目的是为企业定义的价值创建模式提供全过程的管控和优化。由此可见，如何选择企业的运营管理方式，取决于企业所选择的价值创建模式。

著名经济学家迈克尔·波特曾经提出过企业的三种竞争战略：

（1）成本领先战略，是指企业通过一系列内部和外部成本控制活动，最大限度地降低成本，取得最大成本比较优势，成为行业成本领先者的战略。

（2）差异化战略，是指提供与众不同的产品和服务来满足客户或者消费者的需求，以便在竞争中赢得比较优势的战略。

（3）集中化战略，是指以某个特定的消费者群体、某产品或服务系列的一个细分区段或某一个专区市场为目标，通过一系列优化市场行动，逐步赢得目标市场竞争优势的战略。

上述三种竞争战略对应着企业的三种价值创建模式，即产品领先型、客户导向型、快速反应型。

1. 产品领先型业务

产品领先型业务，其制胜的关键因素是以创意和创新取胜，引领产品和服务的潮流和趋势，也就是企业能为客户带来他们并未知晓的产品和服务的价值。这里的关键词是引领、趋势和潮流。例如，苹果、奔驰等就是这种类型的企业。

1）对企业运营管理的要求

（1）把握客户需求，具有分析产品和服务趋势的能力。企业能够快速准确地洞察行业发展趋势，并找到产品和服务的创新点；能够准确地洞察客户需求的趋势，引领客户潮流。

（2）对信息管理的要求。企业能够快速收集和分析客户需求的趋势，具备强大的产品和服务数据库；能够快速收集和分析产品和服务的趋势，支持产品和服务的创新论证、决策和实施。

（3）流程管理的重点。以产品设计、工艺、品牌和服务等方面的创意和创新领先对手，洞察客户需求的趋势，掌握行业技术的趋势；要有创意的立项、高效的项目实施、准确的项目评估与调整。

2）重点业务及能力要求

（1）重点业务板块。市场、研发、工艺和项目管理，所有运营资源都围绕这四个业务板块进行要素的整合和关系的建立。

（2）基本能力要求。行业分析和行业信息应用、产品和服务论证、项目管理与运作、客户需求信息收集与分析预测能力。

（3）核心胜任能力。快速学习，咨询收集，解决问题，突破性思维，潮流预测，前瞻性，创造性，开放性。

2. 客户导向型业务

客户导向型业务，其制胜的关键因素是提供卓越的客户服务，发展长期的客户关系。这里的关键词是客户关系和服务，也就是说，该类业务是以满足客户需求为前提的价值创建模式。在企业具备生产某种产品和提供某种服务的前提下，依据客户需求来实现定制化产品或服务。例如，海尔等以解决方案模式为客户提供价值的企业都属于这种类型的企业，通常也叫订单类企业。

1）对企业运营管理的要求

（1）对客户关系管理的要求。能够从多渠道获得客户；建立客户细分、长久关系、分级管理、联动销售等高效的运营管理手段；能够提供帮助客户的行业信息、增值服务；将信息由客户的最前端向后端传递和整合的能力。

（2）对信息管理的要求。以客户信息为导向，能够提供全面的客户信息，

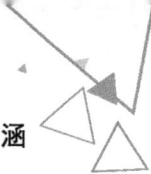

建立产品商业需求；具备强大的定价能力、服务客户能力；鼓励信息分享，了解客户及需求，确保直接接触客户的人具备充足的知识并能够分享知识。

（3）流程管理的重点。为客户提供独特的解决方案，帮助客户经营自己的企业；明确客户需求，开发解决方案，提供客户服务；客户关系管理，能够围绕客户的获取、维系、发展三个阶段实现系统化的运营管控；强大的品牌管理，充分体现与客户之间的服务、合作关系的品牌塑造。

2）重点业务及能力要求

（1）重点业务板块。顾问式营销、解决方案设计、项目实现管控、客户关系管理等重点业务板块，尤其是在面对客户需求、整体规划和解决方案设计的过程中，需要调动企业内部大量的资源进行协同。

（2）基础能力要求。客户细分、发展客户关系的能力；客户需求分析的能力，快速形成具有针对性的解决方案；客户沟通的能力，要具备较强的专业技术能力，客户需求引导的能力，并能够迅速了解客户企业的运作和组织模式，为解决方案的设计带来价值。

（3）核心胜任能力。主动负责，追求卓越，客户为尊，目标导向，团队协作，创新改善。

3. 快速反应型业务

快速反应型业务，其制胜的关键因素是流畅的服务、低成本、低价格。在这种类型的业务模式中，最典型的业务就是以连锁方式提供服务的企业，如连锁超市、连锁服务中心等。

1）对企业运营管理的要求

（1）对客户服务管理的要求。能够完成快速、前瞻性的需求分析；强调运营系统专业化、服务标准化，搭建以效率为根本的客户服务体系，以此来支持服务的快速递交。

（2）对信息管理的要求。能够支持客户需求管理、渠道供应链管理、分享管理、品牌管理的强大信息化共享体系。

（3）流程管理的重点。通过高效率流程管控，在价格和便利方面实现市场领先优势；产品标准化和服务标准化是价值实现的管理重点，利用长期积累的标准化知识在企业内部实现快速复制。

2）重点业务及能力要求

（1）重点业务板块。产品和服务标准化设计、供应链管理、信息化平台管理、客户服务管理等关键业务板块。

（2）基础能力要求。财务与运作知识，流程、效率管理，风险评估与发展能力；行业分析与信息的应用，以及服务水准的持续改进。

（3）核心胜任能力。规范精准，持续改进，团队协作，快速执行。

基于上述三种价值创建模式，我们应该看到，不同的选择对运营管理的能力要求具有很大差异。因此，在构建企业运营管理体系之前，必须对它们有清晰的认知。

运营管理最大的挑战是，企业决策层在定位业务时要同时使用上述三种模式。如果这样做，企业的运营管理体系将矛盾重重。例如，当一个运营中台部门面对两种以上的模式时，很容易出现资源配置的矛盾，以及交付效率的矛盾。

凡选择，必有歧视。知道自己不做什么，比知道自己应该做什么更重要。

辨析企业不同发展阶段运营管理的重点

在企业的不同发展阶段运营管理的重点是不一样的。

塔克门团队成长模型将企业的发展分为初创期、快速发展期、形成规范期、规范固化期和变革期五个阶段。每个阶段运营管理的关键任务、要素、关系和追求是不一样的。

1. 初创期

（1）运营管理的关键任务是识别并界定市场（价值定位），开发产品和服务。

（2）运营管理的要素是围绕产品和服务开发所必需资源的获取与配置。在该阶段，最关键的是专业人员和专业技术。

（3）运营管理的关系是围绕产品和服务开发一个点，建立支持体系，补充和完善稀缺资源。

（4）运营管理的追求是增加产出，也就是能够快速地实现产品和服务的商业化。在该阶段，资源的投入是否过量，以及剩余的、闲置的开发资源如何处理都不是企业的关注重点。

2. 快速发展期

（1）运营管理的关键任务是获取资源，开发运营管理体系。主要包括为快速将产品和服务推向市场，形成规模销售的营销管理体系，以及为满足市场需求的生产供应链管理体系。

（2）运营管理的要素是基于企业发展的业务规划，以及各个业务的子规划，如市场、渠道的规划和生产供应链的规划等。

（3）运营管理的关系关注的是各种规划之间的衔接性和一致性，以及围绕业务整体规划不断完善业务之间的协同性、资源的衔接性，为满足企业经营结果类价值的定义不断进行优化。

（4）运营管理的追求是增加产出、降低库存，也就是不断提升销售业绩，最大限度地降低库存。

3. 形成规范期

（1）运营管理的关键任务是基于稳定的核心业务，全面开发业务管控的管理系统，不断提升信息的对称性、资源的连续性。

（2）运营管理的要素是围绕产品流、信息流、资金流等要素形成企业独有的管理规则，以及完整的信息管理系统。

（3）运营管理的关系是从部门级的业务流程上升到企业整体价值流的构建与完善。通过对过程价值的定义，不断调整和优化，实现企业整体价值的资源配置。

（4）运营管理的追求是通过不断完善的规则与制度化管理，取代人的管理，持续提升企业的运营效率，即增加产出，降低运行费用，降低库存。

4. 规范固化期

（1）运营管理的关键任务是由业务管理逐步上升到企业文化管理，通过从视觉、制度和活动三个角度构建属于企业自身的独有的管理文化。

（2）运营管理的要素关注的是总结提炼企业在发展过程中所积累的成功经验，并将其在执行层面进行有效、快速的复制。

（3）运营管理的关系围绕企业经营的关键指标（毛利率）不断优化和调整整体价值流和业务流程，以便为企业的持续盈利带来价值。

（4）运营管理的追求是保证经营效益的可持续性，以及运营效率的稳定性。

5. 变革期

（1）运营管理的关键任务是根据企业业务的发展态势，以及所处行业的变化趋势，确定企业变革的方向。例如，根本式变革意味着需要跨行业选择；渐进式变革是对现有产品开发新市场，或者在现有市场开发新产品的选择。

（2）运营管理的要素是企业在以往的业务发展过程中构建的核心竞争力，在变革方向上更多有效的复用，是降低企业在变革期风险的关键要素。

（3）运营管理的关系是围绕企业变革的追求，以及产品和服务的迭代升级，将企业内部的各类要素进行重组、调整和补充，打破资源的壁垒。

（4）运营管理的追求是能够快速实现业务的变革，以及新的产品和服务的产出。

在上述五个发展阶段中，运营管理需要特别注意：

首先，企业在形成规范期基于核心业务的相对稳定性，完整地构建企业整体价值流，是实现规范化运营管理和信息化系统搭建的重要前提。

其次，任何企业在形成规范期都会存在业务发展不均衡性的情况。例如，有的业务可能已经形成相对稳定的运作模式，有的业务可能还处于探索的过程中。针对这种情况，企业就需要针对不同业务的属性和特点制定相应的运营管理手段，同时，也要提高业务管理能力。但是，从稳定的业务需求出发，反推不成熟的业务管理能力，是企业运营管理体系不断成熟的标志。

最后，企业整体价值流的构建是企业运营管理的核心任务，但企业经常遇到这种博弈：是先有整体价值流，还是先有某个单一业务流程？此时，管理者需要注意的是，价值流和业务流程之间是相辅相成的，没有一定的优先顺序。首先，通过对多个单一业务流程的构建，逐渐叠加成企业整体价值流，然后，再根据整体价值流的梳理与完善，反向修正某个单一业务流程的管理方法。在现实的运营管理中，这是很常见的管理手段。

总之，在企业的不同发展阶段，企业运营管理的重点是不同的。但是，不论存在什么样的区别，企业对效益和效率的追求都是不变的。

本章小结（见图 1-5）

- 运营管理是围绕要素、关系、增值，进行 PDCA 不断循环的管理过程。
- 效率（增加产出、降低运行费用、降低库存）在引领着运营管理。
- 两个系统（物资系统、管理系统）在支撑着运营管理。
- 三个流（产品流、信息流、资金流）在指引着运营管理。

- 三个活动（增值、不增值、不增值但必要）在评估着运营管理。
- 企业不同的价值创建模式决定了运营管理体系的搭建原则。
- 企业的不同发展阶段决定了运营管理关键任务的选择。

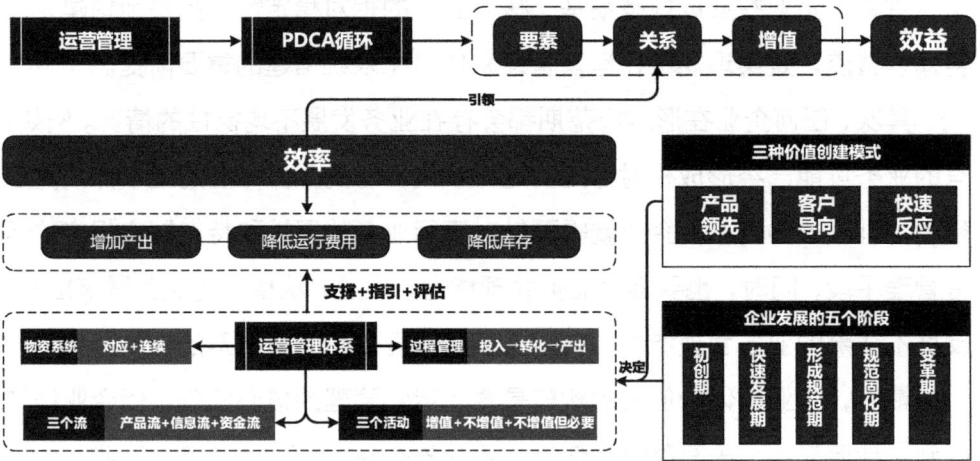

图 1-5　本章小结

第 2 章

构建企业整体价值流的顶层思考

企业是按照一定的宗旨和目的建立的组织，其中每个要素的选择和布局都是由组织的价值追求决定的。

构建企业的整体价值流是运营管理体系持续完善的基础。但不论如何构建，都离不开组织的属性、职责和职能、业务的价值定义等要素。

掌握组织的定义

所谓组织，是指这样一个社会实体，它具有明确的目标导向和精心设计的结构，以及有意识协调的活动系统，同时又同外部环境保持密切联系。

1. 组织管理的核心是构成、系统、联系

- 构成，是指由诸多要素按照一定方式组合成为整体。

- 系统，是由相互作用，相互依赖的若干组成部分结合而成的，具有特定功能的有机整体。

- 联系，是指在组织结构和协调活动中，要素之间、组织内外部之间所发生的关系。它（联系）是组织持续运转，从不稳定走向稳定，并走向持续稳定的核心条件。

2. 影响组织构成的关键要素包括目的、环境、主客体、根基等

- 目的，是由企业价值选择、定位、规划决定的经济目的、社会责任，以及持续发展的目标。

- 环境，是组织内部各层级、部门与部门之间和组织与组织之间，每时每刻都在交流的信息，同时，也包括组织与外部环境之间的时时互动信息。

- 主客体，不论是组织内部还是组织外部，各个要素通过信息流的输入与输出、关系的作用与反作用等活动，最终为实现组织的价值提供服务。

- 根基，包括组织管理的语言、行为和规则，即统一管理语言、规范管理行为、守护管理规则。根基的管理效果如何，是组织与组织之间最大的差异点。

区别职责与职能的定义

既然组织是按照一定方式构建起来的系统，那么是什么决定着组织构建的方式呢？又是什么能够保证这种方式是有价值的呢？如何实现组织的最终价值呢？答案是职责与职能。

职责与职能有着本质的区别。

职责代表着组织管理的业务范畴，以及承担的责任。职责管理的关键输出是，基于职责管理要求所构建的管理制度、流程、规范、工具和方法。

职能是指人、事物、机构所应有的作用。职能管理是指一个组织完成其职责的能力，是知识、技能、行为与态度的组合，能够帮助组织提升工作成效，进而带动企业最终价值创造能力的提升。

由此可见，企业运营管理体系的构建，首先是对组织架构下各个业务单元及其职责的定义。其次为了追求运营管理体系的效率，需要不断提升职能管理的能力。

价值流驱动的运营管理就是在不断审视、改进及完善企业运营管理体系的过程中对职责的完整性和职能的满足度的管理。

认知企业整体价值流的内涵

管理没有分类，管理就没有开始。企业面向客户的价值实现过程，是一个有诸多要素通过相互之间的联系和作用，叠加成最终产品和服务的价值的过程。如何对这些要素叠加过程进行有效管理，是运营管理体系搭建和运作的关键。

通常，企业可以将价值实现过程分为价值创建、价值实现、价值传播、价值延展四大价值流，通过它们之间的相互联系和作用，构建企业整体价值实现过程。这也是运营管理体系价值管理的落脚点。

下面以具有产品领先型业务的企业为例，看看企业的关键业务过程和运营管理目标。

1. 价值创建

价值创建是基于企业对市场和客户需求的判断，以及企业整体产品和服务的规划，从产品定义到输出可生产的产品和服务的过程。

（1）关键业务过程，包括产品规划、技术预研、市场需求、概要设计、详细设计、产品测试、产品注册、服务建议、QA（质量保证）合规性、项目管理、战略采购、项目采购等。

（2）运营管理目标是创新和复用。

创新是指通过企业长期的技术积累和能力培养，实现对产品新的价值、新的应用的创建。例如，在手机上安装相机的功能就是一个典型的创新案例，既满足了用户随时拍摄的需求，又对一个以往常态化的使用环境进行了改变，对一个原本只具备通话功能的手机赋予了更多功能。

复用是企业在价值创建运营管理体系中的重中之重。因为只有企业原有技术能力被更多地复用，才能实现价值创建的快速交付，才能大幅降低后端生产环节的设备、设施、工装、流水线等资源的匹配成本。因此对企业运营管理的要求是，持续地总结和提炼自身的成功经验和核心竞争力。

2. 价值实现

价值实现是基于价值创建的输出结果，即产品 BOM（物料清单），开展工艺转化、工装准备、营销准备等运营管理活动，保证面向客户，交付安全、

稳定的产品和服务，并实现快速推广。

（1）关键业务过程，包括工艺转化、工装准备、QC（质量控制）标准、供应链管理、生产管理、计划管理、库存/管理、安全管理等。

（2）运营管理目标是制造的精益化和制造的灵活性。

制造的精益化是指通过对标准化产品和服务价值实现的过程进行管理，降低一切浪费。

制造的灵活性是指企业在具备提供某种产品和服务能力的基础上，依据客户的个性化需求，进行定制化产品的实现过程，通常也叫订单制业务。针对这类业务，运营管理的重点聚焦于快速提升交付能力。因此，企业内部的生产供应链的组织方式与精益化制造的组织方式会有很大不同。

3. 价值传播

价值传播是指基于价值创建和价值实现的结果，通过有效的市场推广和销售的过程，实现产品和服务的市场化。

（1）关键业务过程，包括市场管理、销售策略管理、销售过程管理、渠道管理、品牌管理、客户关系管理、合同管理、产品交付等。

（2）运营管理目标是客户和合作伙伴关系管理的价值最大化。

4. 价值延展

价值延展是指在产品和服务推向市场之后，围绕产品和服务所提供的售后服务和增值服务管理。

（1）关键业务过程，包括售后服务，常规企业的售后服务涉及产品安装、保修服务、有偿服务、服务创新等管理职能；增值服务，是指通过服务创新，为客户提供增值的产品和服务体验，以便为企业创造新的收入。

（2）运营管理目标是服务的标准化以及服务创新。

上述四大价值流构成了企业整体价值流，如图 2-1 所示。

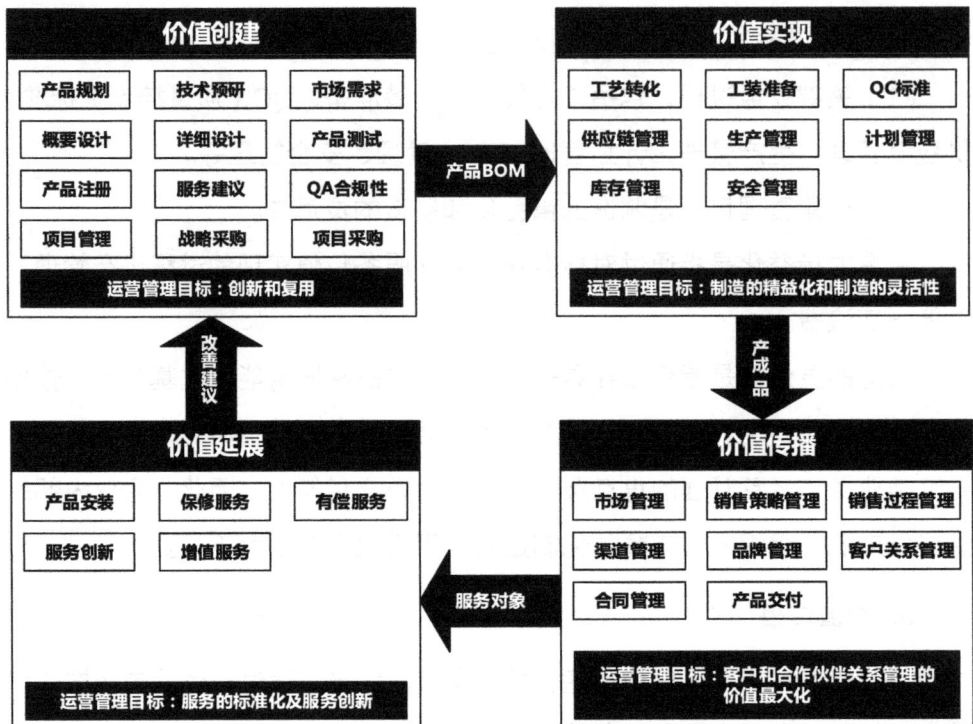

图 2-1　产品领先型业务的四大价值流

　　不同企业对于自身的价值定位有着不同的选择，而这一选择直接决定了企业能力的培育方向，以及内部价值实现的全过程规划。例如：

- 如果以价值创建为核心业务，那么这类企业就是常见的研究院、科研单位等，它们的核心价值是输出研究的成果。
- 如果以价值实现为核心业务，那么这类企业就是常见的以制造为核心的业务形态，最典型的企业就是富士康。
- 如果以价值传播为核心业务，那么这类企业就是常见的以营销为核心的企业，如贸易公司、渠道代理商等。
- 如果以价值延展为核心业务，那么这类企业就是熟知的服务加盟商。

价值流的顶层思考是帮助我们构建企业整体运营管理体系的基础保障。只有基于企业整体价值流的完整定义，才能准确定义各个业务阶段业务管理的价值。

牢记企业整体价值流构建的基本原则

价值流是构建企业运营管理体系的核心基础。产品流、信息流、资金流这三个流是运营管理中价值流动的表现方式。在企业整体价值流构建的过程中需要遵循如下基本原则。

原则一，明确端到端主体

企业运营是一个端到端的管理过程，即从供应商的供应商，到客户的客户。因此，在构建企业整体价值流之初，我们必须明确两个关键的价值主体，即一级供应商及终端目标客户。

原则二，确定组织方式

由于企业的业务类型、规模化程度和发展阶段的不同，因此其选择的组织方式也会不一样。有的企业采用事业部制，有的企业采用职能制，有的企业采用项目制等。不同的组织方式决定了不同的运营管理体系价值流的流动方式。

原则三，辨析运营活动源头

企业所有的运营活动都有其源头，也就是价值流的源头。清楚源头在哪里，也许不是一个简单的问题。如果不能识别出运营管理活动的源头，那么价值流的启动和运作就会反复出现，管理效率就会下降。

通常，产品领先型业务价值流从产品定义开始；客户导向型业务价值流从获取客户的需求开始；快速反应型业务价值流从设计服务模式开始。

牵动运营活动是指在源头启动运营活动之后，在价值流中引领其他运营活动的牵动活动。其重要性主要体现在两个方面，它既是运营管理体系构建的启动点，同时，它的工作成果又是接下来多个运营活动的关键输入，其决定了整体价值流的完整性和顺畅性。

原则四，构建职责连接方式

从价值流的源头开始，要按照业务板块的责任分工分别设置各个业务板块的工作职责，并设计业务职责之间的连接方式。

通常，职责的连接方式有串联和并联两种。

串联是指业务板块之间具有相互承接工作成果的要求，也就是一个业务板块某项工作职责的工作成果，是下一个业务板块某项工作职责启动的工作输入，通过持续地叠加价值，最终实现产品和服务价值的交付。

并联是指业务板块之间，两项不同的工作职责同时进行，其分别形成的工作成果最终作为下一个业务单元工作职责的输入。

在规划企业整体价值流的过程中，基于业务属性的要求，这两种连接方式是可以同时存在的。

总之，企业价值流的构建是企业整体运营管理体系搭建的核心基础，是重要的管理载体。组织方式、职责和职能的定义，以及构建的基本原则，都是建立高效运转的运营管理体系的关键要素。

欲茂其末，必深其根。如果企业期望最终从运营中获得最佳价值，就必须从最基本的管理开始。追溯价值的源头，探究实现价值的管理能力，以及持续改善价值流动方式，是运营管理永远追求的管理目标。

从下一章开始，将按照产品领先型、客户导向型、快速反应型这三种业务类型，围绕价值创建、价值实现、价值传播、价值延展四大价值流展开分析，全面澄清如何搭建基于价值流的运营管理体系，以及各业务板块的价值（职责）定义及能力定义。

为了进行更加有场景化的分析，下面对三种业务类型的企业进行定位：

- 产品领先型业务：按照标准化产品制造企业来分析。

- 客户导向型业务：按照从事定制化产品制造企业来分析。

- 快速反应型业务：按照以连锁经营的、标准化服务企业来分析。

本章小结（见图 2-2）

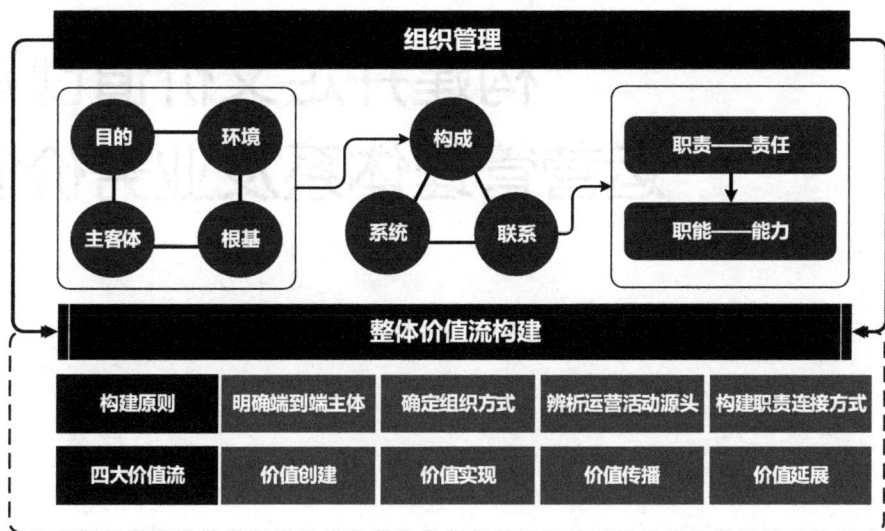

图 2-2　本章小结

第 3 章

构建并定义价值创建
运营管理体系及业务价值

价值创建是企业价值流管理的源头，是企业整体运营管理体系的启动分支。

产品领先型业务

正如前面所述，产品领先型业务以创意和创新取胜，引领产品和服务的潮流和趋势。简单来讲，它是一个能够开发并交付引领消费潮流的产品和服务的业务类型。

通常，产品领先型业务的价值创建阶段包括产品定义、制订开发计划、设计执行（概要设计与详细设计）、产品集成与验证四个关键业务过程。

【过程一　产品定义】

产品定义是价值创建阶段价值流的启动源头，其输出的成果是确定的产品开发需求，通常也叫 CRS（商业需求规范）。

1. 该过程的价值流（见图 3-1）

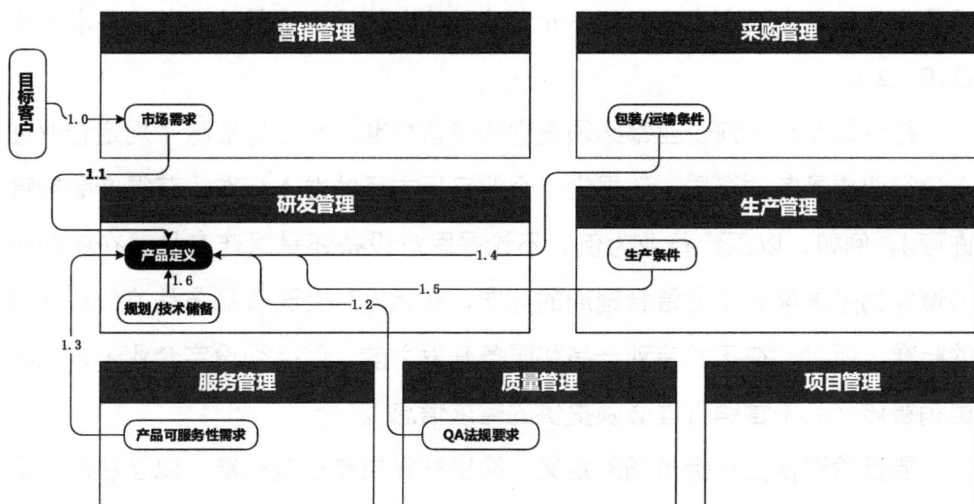

图 3-1　产品定义的价值流

2. 该过程各业务板块的价值定义

1）营销管理的价值定义

营销管理的价值定义：能够准确地定义客户对产品和服务的需求趋势以及需求量，并对照竞品的现状和未来发展趋势，提出未来产品和服务的功能需求、配置标准、预测的销售价格及销售预期（价值流 1.1）。

营销管理是把握客户需求和市场走势的关键业务单元。企业要清晰地看到，产品和服务在客户端体现的价值追求（核心是产品的功能），同时也要看到与竞争对手之间的博弈点。除了这些现实的差异，企业还应该通过专业的分析方法预测未来产品和服务的市场走势，以及本企业应该选择的产品的价值定位。其中包括目标市场、产品的基本配置及功能（软硬件、系统等）、标配和选配、产品上市之后的目标销售价格，以及 2~3 年的目标销售量、销售额、销售毛利率等关键信息。

2）质量管理的价值定义

质量管理的价值定义：根据企业所在的业务领域，负责提供产品开发的质量体系标准，提出产品和服务开发过程的合规性及资料的完整性要求（价值流 1.2）。

行业标准是任何企业都必须遵守的经营标准。行业标准除了规定企业进入该行业应具备的资质，还规定了企业目标市场的准入标准（获得产品销售许可）。例如，以医疗行业为例，不论是医疗设备还是医药产品，在中国必须遵守的是国家药品监督管理局的标准，在北美是美国食品药品监督管理局的标准。所以，在正式启动产品和服务开发之前，就必须设定企业未来在哪里销售该产品（营销管理必须提供的需求信息）。

质量管理根据目标市场的定义，输出开发质量控制标准，以及注册验证标准。这些标准对开发管理是非常重要的，将直接决定开发过程中的开发标准、开发文件以及输出结果的标准定义。只有这样，质量管理才能在产品注

册阶段实现完整的正确的资料准备及申报，并最终获得认证。

3）服务管理的价值定义

服务管理的价值定义：根据企业同类产品的安装、调试、保修和维修的服务经验，准确提出新产品开发的产品可服务性需求（价值流 1.3）。

通常，售后服务直接面对产品使用者。业务人员能够听到客户对产品的真实反馈，如产品的使用价值、功能价值等。同时，在产品安装和维修的过程中，业务人员也是产品的便捷性和安全性的第一体验者。因此，在企业进行同类产品开发的过程中，业务人员必须按照以往产品安装、维修服务的经验，为研发管理提供明确的产品可服务性需求。例如，在产品使用的过程中经常存在易损件（如净化器的滤芯）更换的需求，那么在更换过程中如何减少更换动作和相关工具？这些动作和工具使用的数量越少，服务的安全性和可靠性就会越高，服务的效率也会进一步得到提升。

4）采购管理的价值定义

采购管理的价值定义：根据企业以往的同类产品的包装及运输情况，提出针对新产品的包装及运输建议，保证包装及运输的经济性和可行性（价值流 1.4）。

包装尺寸及外观是在产品开发的过程中就要定义清楚的关键信息，因为包装设计决定了未来包装材料的成本以及运输成本。如果一个产品是由多个部件组成的，那么这些部件的大小以及包装要求，直接决定了该产品未来在包装方面的原材料成本，同时，也决定了该产品未来在运输环节需要的运输条件以及运输成本。

5）生产管理的价值定义

生产管理的价值定义：根据企业现有的生产条件，以及相关设施设备，准确提供现有生产条件和人员，为研发管理提供现有资源的可复用度参考（价值流 1.5）。

如果企业新产品开发输出的是企业现有的生产条件及相关设施设备，那么大多数不能使用，需要重新购买和配置。对企业来讲，这带来的不仅是资金的压力，更是企业投入产出周期拉长的压力。

只有一种情况例外，那就是企业基于变革的考虑，为开辟一个新赛道而做准备。

6）研发管理的价值定义

研发管理的价值定义：根据上述各方提出的需求，结合企业产品规划及已经储备的技术能力，评估开发能力与需求之间的匹配度，保证新产品开发的可交付性（价值流1.6）。

匹配度的评估是指根据企业其他业务板块提出的需求，结合企业已有的产品规划进行的评估。企业产品规划的路径决定了企业阶段性的技术和人员储备，因此这对新产品开发将起到关键作用。通常，企业基于所选择的行业和产品定位，规划未来产品的走势，并以此进行前瞻性的技术预研，为企业未来的产品开发做好前期准备。

所以，在新产品需求技术评估的过程中，研发管理要充分论证新需求与技术储备的衔接性和对称性，以保证新产品开发的交付可行性。

产品定义的最终目标是通过对需求的全面评估，以及资源准备度的评估，最终确定新产品开发的需求。

【过程二　制订开发计划】

制订开发计划是进入正式开发之前，必须进行时间等资源统筹的关键动作。制订开发计划输出的成果是产品开发实施计划。

1．该过程的价值流（见图 3-2）

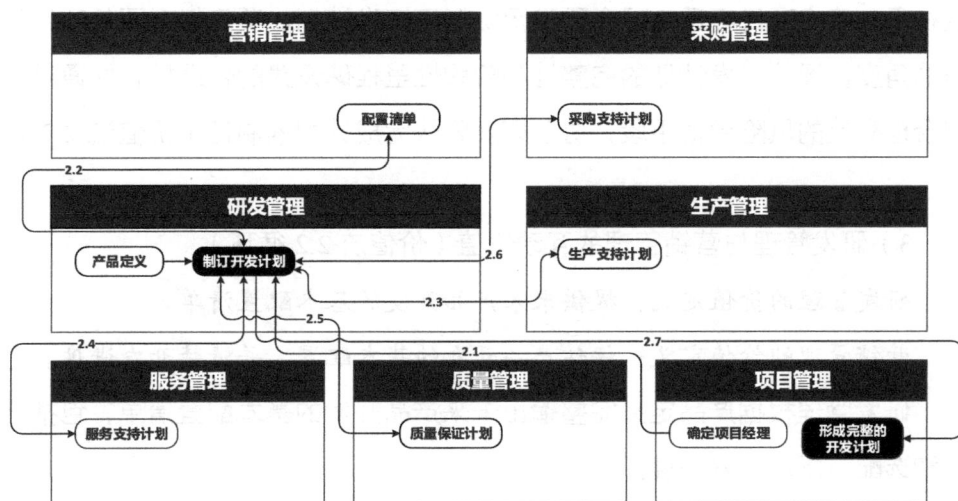

图 3-2　制订开发计划的价值流

2．该过程各业务板块的价值定义

1）研发管理的价值定义

研发管理的价值定义：根据产品属性和产品开发要求，制订详细的开发实施计划，保证开发工作的可遵循性和可控性。

产品开发是一个系统工程，更是一个组织各方资源的协同过程。协同的有效性和及时性，首先来自产品和服务开发计划制订的合理性。因此，开发计划的制订是价值创建阶段的牵动运营活动。一般来讲，开发计划包括系统需求规格书（SRS）、产品安全风险管理计划、初始风险管理报告、产品设计规格书（概要版）、研发项目计划、子系统需求规格书、子系统设计计划、配置管理计划、产品信息安全管理计划等管理标准。

2）项目管理的价值定义

项目管理的价值定义：根据项目管理的基本要求，协助研发团队确定项目经理，配合完成开发计划的制订（价值流 2.1、2.7 循环）。

在产品开发需求基本确定的情况下，项目管理需要全面进入。其首要价值在于，确定项目经理，配合研发团队制订开发计划。项目经理要从项目管理的角度，评估开发计划的完整性和阶段性里程碑设置的合理性，并通过设定合理有效的风险评估手段，协助研发团队完成计划的制订（价值流 2.7 循环）。

3）研发管理与营销管理的互动价值（价值流 2.2 循环）

研发管理的价值定义：提供未来产品开发的基本配置清单。

营销管理的价值定义：评估产品开发的基本配置，并清楚开发进度。

研发管理根据产品定义完整输出未来产品开发的基本配置清单，包括标配和选配，以及开发进度。

营销管理根据未来产品开发的基本配置清单，做好产品开发过程中的评审准备，同时做好对未来产品推广计划的前期准备。

4）研发管理与生产管理的互动价值（价值流 2.3 循环）

研发管理的价值定义：输出新产品生产条件的基本要求，以及新产品试制、验证、导入的时间计划及配合需求。

生产管理的价值定义：评估生产条件要求并反馈，以及清楚开发过程中的关键节点和生产准备要求。

最重要的是，如果现有生产条件不能满足产品开发的试制要求，就需要提前增加试制环境的生产准备预算。生产管理需要根据上述输入的信息，评估生产条件的可行性，同时做好开发过程中的资源准备，如场地条件、空间准备、人员支持等。

5）研发管理与服务管理的互动价值（价值流 2.4 循环）

研发管理的价值定义：根据产品定义输出未来产品的服务需求。

服务管理的价值定义：评估新产品可服务性的可达成性，同时评估产品可服务性的实现成本。

服务管理要根据产品的服务需求，评估现有服务条件的可达成性，如工具、技术能力等，以便未来配合研发团队进行服务资源准备。需要特别强调的是，产品开发要尽可能降低未来产品配置的复杂度。例如，在组装一个产品的过程中，如果需要不同规格的螺丝钉，必然将增加未来的服务成本。

6）研发管理与质量管理的互动价值（价值流 2.5 循环）

研发管理的价值定义：输出产品开发的质量保证计划，以及产品开发验证及注册的实施计划。

质量管理的价值定义：明确产品验证的周期，协助完成产品开发的质量保证计划及验证计划，并主导完成注册计划。

最重要的是，产品开发的质量标准在研发管理与质量管理之间形成共识，因为这直接决定了未来产品注册的可能性。同时，质量管理还要明确本行业主管部门产品注册评审的时间周期，因为这直接决定了产品开发计划成果按时交付的可靠性。

7）研发管理与采购管理的互动价值（价值流 2.6 循环）

研发管理的价值定义：根据产品定义，输出自制或购买决定（附属于项目采购计划）、采购物料信息、材料成本控制计划等。

采购管理的价值定义：根据企业现有的供应商分级清单，为研发管理提供可用资源，同时清楚研发过程中阶段性的采购需求，以及时间节点。

研发过程中的采购是保证产品开发进度的关键运营活动，研发管理与采购管理之间的配合度和对称度，不仅决定了研发过程的时间控制，也决定了未来产品的产前准备的时间控制。

通过上述研发管理与营销管理、生产管理、服务管理、采购管理、质量管理等业务板块之间的价值互动，企业最终落实产品开发计划，并明确相关管理责任。开发计划的翔实性和可靠性直接决定了企业资源投入的先后顺序，以及结果的可靠性。

【过程三　设计执行（概要设计与详细设计）】

设计执行是指研发管理按照确定的开发计划，进行概要设计和详细设计的过程。

1. 该过程的价值流（见图3-3）

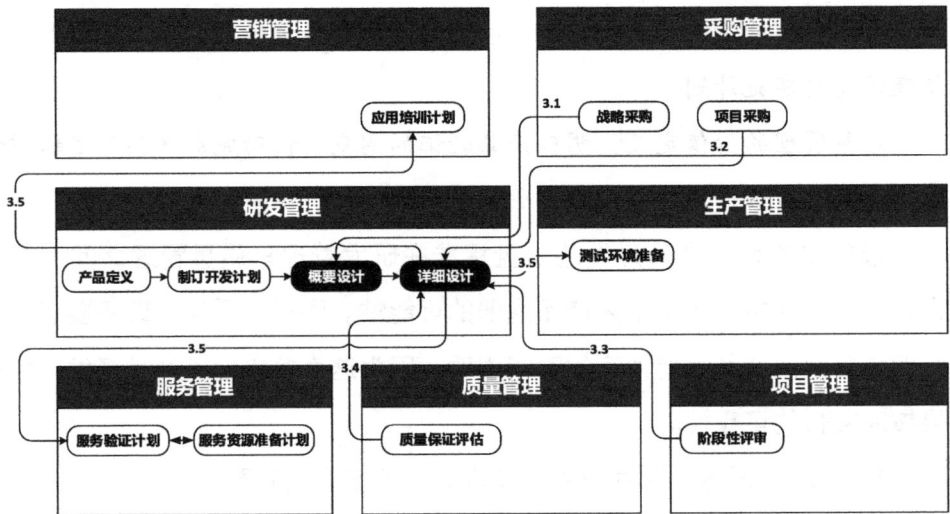

图 3-3　设计执行的价值流

2. 该过程各业务板块的价值定义

1）采购管理的价值定义

采购管理的价值定义：协助产品和服务设计，寻找可以合作的战略供应商和常规供应商，并根据设计开发的阶段性要求，前瞻性地做好供应商开发评价工作，保证产品工程转化以及批量生产交付的安全性和可靠性（价值流 3.1、3.2）。

在产品设计执行过程中，通常包含两种特殊的采购管理，即战略采购和项目采购。

在概要设计过程中，研发团队围绕新产品定义，需要对产品原型进行初步搭建。在这个过程中，原有合作的供应商是非常重要的开发资源。他们既可以提供必要的、可采用的零部件、组件、系统等必备资源，也可以对未来的产品定价提供成本依据。例如，我们以手机为例，当营销管理提出未来公司应该推出一款外观尺寸、像素要求、电池性能、CPU 性能等标准的新产品需求，并且提供未来市场可以接受的价格范围时，研发团队通常是不能直接进入开发阶段的，而必须围绕需求参数去做功能和性能可实现性的评估（原型搭建），同时做好成本评估。要想完成这些评估，企业就必须有长期合作的供应商，他们愿意提供对应的、符合需求参数要求的相关配件，并在测试性能满足要求的前提下，愿意商讨相应的报价。如果关键部件（决定产品价格 70%以上的零部件）的初始报价超过市场预测的销售价格，那么开发工作是不能进行的，因为这样的新产品交付是没有价值的。这种采购叫作战略采购，直接影响未来新产品的总成本。

另一种采购管理叫作项目采购。项目采购是指在设计执行的详细设计过程中，一定会遇到原有供应商不能满足的开发需求，面对这种情况，采购管理要依据开发需求进行新的供应商选择。在新的供应商提供的原材料符合开发需求，并得到研发团队的确定之后，采购管理就要提前启动新的供应商的评价以及未来供货的议价（这些采购管理动作很多都是在产品设计结束之后启动的，这将直接影响产品批量生产的进程）。只有这样才能保证设计开发的新产品在新产品导入阶段快速实现量产。

2）项目管理的价值定义

项目管理的价值定义：根据产品开发计划，负责组织实施开发计划执行的严肃性、过程文件的合规性、交付时间的风险预警及时性等关键评估结果，保证开发进程的可控性（价值流 3.3）。

项目管理的价值不在于技术层面，而在于计划层面。在产品开发启动之后，项目管理必须协助、指导项目计划的执行。一个完整的执行过程管理是项目管理的首要目标。与此同时，基于项目计划的执行，项目管理必须按照计划的时间节点、阶段性交付成果的定义，组织论证项目计划、设计开发的QA（质量保证）符合性、设计开发存在的交付风险和成本风险等关键项目评估结果。只有这样，才能协助研发团队达成预期的目标。

3）质量管理的价值定义

质量管理的价值定义：根据设计开发的质量保证计划，全面监控设计开发质量，为保证产品设计开发的最终质量标准做好过程评估（价值流 3.4）。

如果在设计开发初期确定了未来产品的销售市场，那么依据目标市场的产品准入要求，已经非常清楚设计开发的质量控制标准，即设计开发质量控制标准和供应商质量控制标准。因此，质量管理不仅是标准的输入者，也是质量标准执行过程中的有效监控者和指导者。

4）研发管理的价值定义

研发管理的价值定义：按照质量、成本、按时交付要求，阶段性达成开发成果，同时协同营销、服务、生产等相关业务板块，为新产品的导入做好准备（价值流 3.5）。

质量价值主要体现在交付的产品和服务上，既要满足市场的需求，也要体现企业的价值导向，这是企业品牌价值的核心基础。因为体现企业品牌价值的内在因素是由产品和服务的质量、功能决定的。

成本价值主要体现在两个方面，即设计开发成本的可控性，以及生产制造成本的可控性。设计开发成本的可控性体现在企业已有技术能力的总结和复用，是决定设计开发成本的关键驱动因素。复用的比例越大，开发成本就越低。生产制造成本的可控性体现在产品设计的价值工程上，也就是在满足功能需求的前提下降低设计的复杂度，这直接影响到未来产品生产过程中的成本。例如，在设计一个产品的过程中，需要很多紧固螺丝钉。设计人员为

了满足紧固的要求，设计出很多类型的螺丝钉。那么，在未来生产、安装和维护的过程中，采购的复杂度将提升，生产的复杂度将提升，安装和服务的复杂度也将提升，由此必然带来总成本的提升。所以，产品设计是决定产品成本的关键。

按时交付价值主要体现在，是否能够按照产品设计的时间要求交付成果。因为在企业确定新产品开发计划并开始实施之后，营销管理就会提前为产品上市进行宣传。客户会根据宣传的口径对产品的上市时间进行期待。

与营销管理的协同价值主要体现在，根据设计开发的进程，及时与营销管理交流产品的相关信息，指导营销管理做好产品培训计划，包括营销人员的培训计划，以及客户的培训计划。

与服务管理的协同价值主要体现在，根据设计开发的进程，指导服务管理合理有效地制订好两个关键计划，即服务验证计划和资源准备计划。

与生产管理的协同价值主要体现在，根据设计开发的进程，协同生产管理做好产品设计开发的测试环境的搭建，保证设计开发进程的顺利实施。

【过程四 产品集成与验证】

产品集成与验证是产品设计开发输出的重要过程，是对标需求验证详细设计过程工作成果的关键里程碑。

1. 该过程的价值流（见图 3-4）

2. 该过程各业务板块的价值定义

1）研发管理的价值定义

研发管理的价值定义：组织完成产品功能及性能测试，完整、准确地输出设计开发资料。

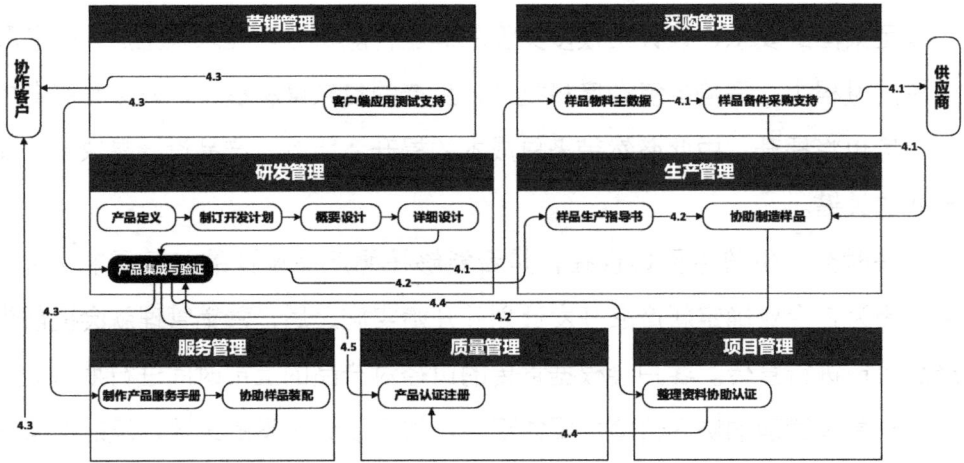

图 3-4　产品集成与验证的价值流

产品集成与验证是指在产品设计开发过程中，根据开发计划的实施要求，通过对实现产品功能和性能的部件、组件、小系统、大系统等的设计开发，进行全面集成的性能测试。该测试是在单体测试的基础上，实现产品功能能的全面的、整体的集成验证，最终保证设计开发资料输出的完整性和复合性。

2）采购管理的价值定义

采购管理的价值定义：根据研发管理输出的产品采购清单，以及样品制造采购需求，完成相应原材料的采购，保证样品生产的顺利进行（价值流 4.1）。

通常，在设计执行过程结束之后，新产品验证需要测试数量不等的样品。这种样品的制造需要按照规定数量，采购对应的零部件和原材料，这是采购管理必须给予支持的。需要注意的是，目前输出的产品采购清单，未必就是未来批量生产的采购清单，还需要通过样品的制造以及未来工艺的设计，最终决定产品采购清单。因此，采购数量的管控是非常重要的任务。

3）生产管理的价值定义

生产管理的价值定义：根据研发管理输出的样品制造需求及样品生产指导书，负责在研发管理指导下的样品制造工作，保证新产品验证的顺利实施（价值流 4.2）。

样品制造基本上属于产品实验过程，是由少数工人来完成的。因为新产品的制造工艺尚未完善，因此必须在研发管理的支持下实现新产品的样品制造。生产管理是首次熟悉新产品的制造过程，该过程对未来产品的小试、中试，以及批量化生产具有非常重要的价值。

4）营销管理的价值定义

营销管理的价值定义：根据产品测试的需求，以及产品验证的法规要求，协助寻找符合要求的、可以合作的客户，进行验证协议的签订，保证新产品验证的顺利实施（价值流 4.3 营销部分）。

不是每个行业的新产品验证都需要营销管理去寻找合作客户。但有些行业是需要的，而且是行业主管部门指定的、有资格实施新产品验证的客户，如医疗设备行业。因为，新产品验证就是要根据设计开发的功能需求，在验证阶段实现对应数据的采集，为接下来的新产品注册准备相关数据。

5）项目管理的价值定义

项目管理的价值定义：根据设计执行过程所有输出资料，负责准备与完善新产品注册要求的资料，保证新产品注册过程中资料的完备性和准确性（价值流 4.4）。

进入产品集成与验证过程，也就意味着设计执行过程即将结束，项目管理必须对设计执行过程中的所有资料进行分类汇总，并根据新产品注册要求协助质量管理整理输出完备的注册申报资料，所以，完备性是项目管理的首要责任。

6）服务管理的价值定义

服务管理的价值定义：根据研发管理输出的样品服务清单，以及安装的基本要求，负责协助研发管理在产品验证客户端准确完成样品的安装和调试（价值流4.3服务部分）。

如果产品存在安装调试的需求，那么在产品集成与验证过程中，服务的介入就变得非常重要。这对于未来编制产品安装手册、服务手册等必备的操作规范将起到非常重要的作用。同时，还可以从服务的角度，协助研发管理完善设计输出。在这个过程中服务管理基本上要完成两个环境下的安装测试，即实验室的安装测试，以及客户端的新产品验证。

7）质量管理的价值定义

质量管理的价值定义：全面跟进产品集成与验证过程，评估新产品质量的可靠性，并在验证结果输出之后，审核校正资料的准确性和完备性，最终实现新产品的注册（价值流4.5）。

产品集成与验证的最终目标是拿到新产品的注册证。而在相关资料准备之后，质量管理起到了核心主导的作用，除了完成必要的申报，也要根据审核部门的意见，主导后端相关部门进行资料的补充和完善。对法规的理解，质量管理是其他业务部门无法取代的。

上述四个关键业务过程、七大业务板块、43个管理活动构成了产品领先型业务的价值创建运营管理全过程（见图3-5）。

在价值创建阶段，也许有人会问，难道不涉及财务的费用核算吗？难道不涉及设计开发人员的配置和管理吗？……这些的确是价值创建阶段不可缺失的管理活动，但如果从运营层面来看，这些都属于管理支持活动，而且在价值流构建的同时实现了其管理价值。

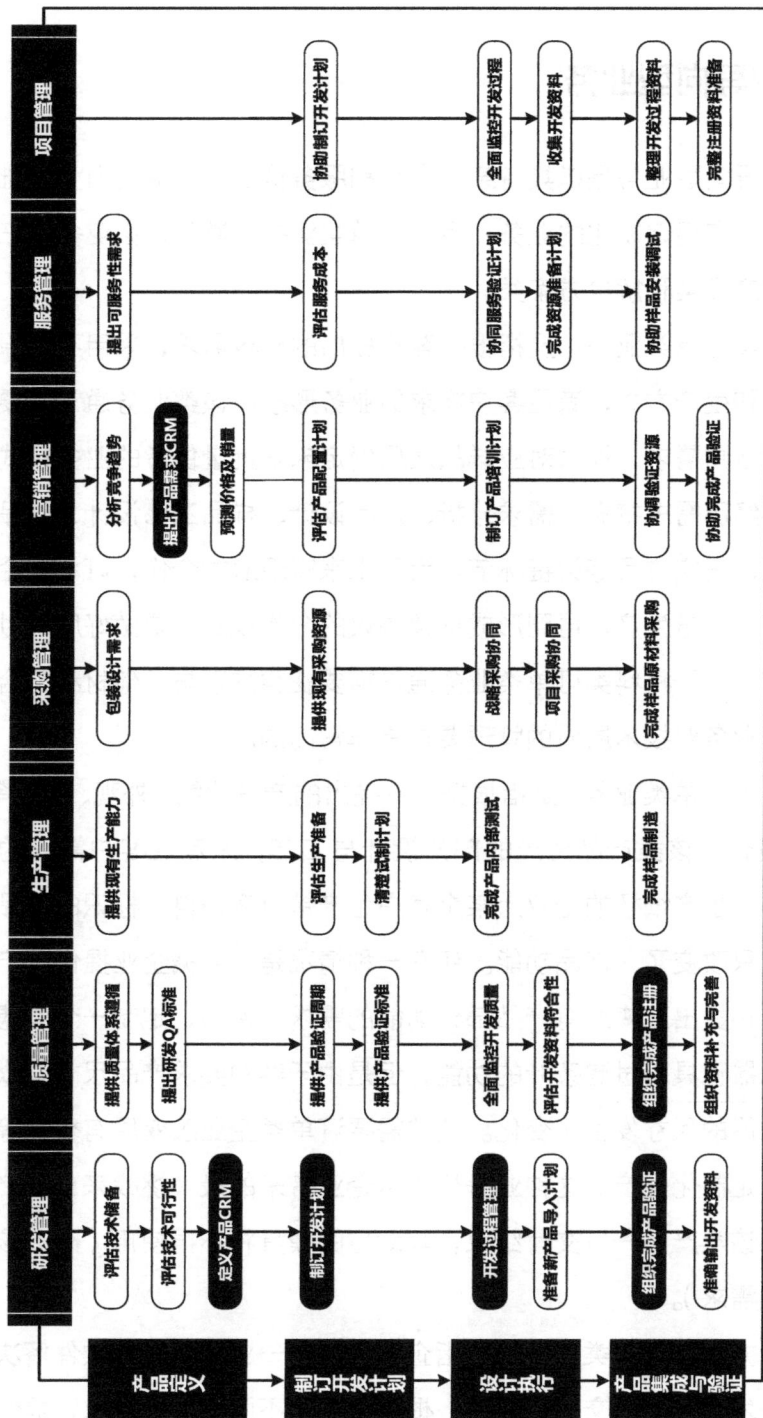

图 3-5　产品领先型业务的价值创建运营管理全过程（黑框中的业务活动为驱动业务活动）

客户导向型业务

客户导向型业务是以具备某种产品和服务价值创建的能力为基础，依据客户需求来实现定制化的业务，也叫订单类业务。通常，该业务有三种，即材料类、产品类和解决方案类。

材料类订单类业务，是指根据客户提出的材料需求，采用不同原材料的配置方式和生产方式，满足客户需求的业务形态。该类业务通常需要订单类企业按照客户需求，提供对应样品之后确定未来批量供货的业务模式，也就是说，要经历需求挖掘、需求分析、产品设计、样品工艺设计、样品生产、样品验证、确定样品等关键环节。为了未来实现双方合作，订单类企业从小批量生产到批量生产，再到形成框架协议的合作模式，要做好所有过程的管理和控制。由于材料类订单类业务通常需要在客户端与其他材料配合使用，因此该类业务对技术层面的管理要求是非常高的。

产品类订单类业务，是指根据客户提出的产品功能、外观、包装等需求，通过变换企业该类产品生产的部分设计与工艺，来满足客户需求的业务形态。例如，生产纸杯的企业为某个客户生产带有客户自身标识的产品，这类业务通常只改变了非产品功能。还有一种情况是，依据企业提供的产品生产能力，客户提出改变原有产品部分功能的需求。例如，定制一个茶滤器，虽然该茶滤器也具有过滤茶叶的功能，但是由于客户要求产品尺寸与众不同，因此茶滤器的尺寸发生了变化。这就需要订单类企业改变原有模具等工装设施，进行定制化生产。这种业务模式给企业带来的最大挑战来自生产成本方面。因为该类产品一旦交付结束，其对应的模具将不再使用（除非该客户有长期同类需求）。

解决方案类订单类业务，是指企业具备某一业务领域的软件解决方案的设计、开发、实施和交付等能力，根据该行业不同客户的需求，提供对应的解决方案，并完成设计、开发、实施、交付、培训和运营服务的业务形态。这类业务涉及的行业领域和业务形态都具有很大区别。因此，从事该类业务的企业一般都具备很强的行业特征。例如，在交通业，公共交通是其中的一种业务形态，但是由于其运营载体和运营方式的不同，对定制化的解决方案需求也是不一样的。

下面我们分析客户导向型业务在价值创建过程中价值流的走势以及运营管理的基本要求。

该类业务的价值创建阶段主要包括产品和服务推广、需求分析和样品工艺制定、样品制造和交付三个关键业务过程。

有人也许认为这是一个营销过程，的确如此。之所以在价值创建阶段涉及营销管理，是因为客户导向型业务就是以营销为主的业务模式。

【过程一　产品和服务推广】

1. 该过程的价值流（见图 3-6）

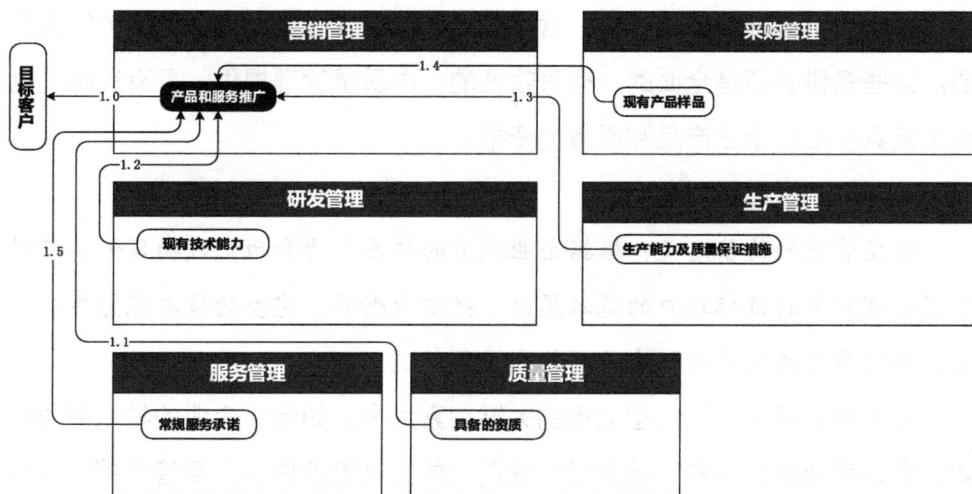

图 3-6　产品和服务推广的价值流

2. 该过程各业务板块的价值定义

1）营销管理的价值定义

营销管理的价值定义：能够根据企业具备的开发和生产能力，面向目标客户准确、有效地推广企业价值（价值流 1.0）。

在客户导向型业务中，营销管理是所有业务板块的驱动业务。这对营销管理的能力要求是比较高的。除了要掌握企业的技术能力、生产能力，还要对目标客户的业务有深度认知。只有这样，才能实现企业业务的有效推广。该类业务在营销管理范畴内，除了需要常规的销售人员，还需要专业技术人员。只有这样，才能实现与客户的有效沟通并明确客户需求。如果将上述两个职能（寻找客户及技术交流）融为一体，那么该类企业的销售人员不论是在能力上还是在培养周期上，都会有很高的要求。

2）质量管理的价值定义

质量管理的价值定义：根据企业所在行业的要求，准备提供企业已经具备的质量资质，协助营销管理做好企业推广的资质准备（价值流 1.1）

在企业价值推广的过程中，营销管理必须准备好企业经营范围的行业资质。这些资料必须是全面的、有时效性的，由质量管理提供。只有这样，企业才能具备推广企业产品和服务的资格。

3）研发管理的价值定义

研发管理的价值定义：根据企业现有的技术能力和历史成功案例，针对营销管理锁定的目标客户的基本属性，提供清晰的、完整的技术能力推广方案，并指导营销人员进行有效的推广（价值流 1.2）。

技术能力是客户导向型业务的关键因素之一。如何将企业的技术能力有效、准确地传递给客户，是实现价值创建的关键管理任务。尽管营销人员需要具备一定的技术认知，但是真正能够准确定义企业自身技术能力的，还应该是企业的技术团队。因此，在产品和服务推广之前，企业对现有技术能力

（特别是对某个行业客户的既往成功案例）的总结与提炼，是研发管理对营销管理的最大支持。这个支持需要研发管理持续不断地更新与完善。同时，针对营销管理定义的目标客户，为实现有针对性的技术推广方案，研发管理一定要针对该类客户的需求痛点、技术难点及技术手段等关键要素，为营销人员提供详细的培训和场景化的交流方案。

4）生产管理的价值定义

生产管理的价值定义：根据企业的生产条件和生产能力，为营销管理准确提供生产能力的资料及质量保证的措施（价值流 1.3）。

生产能力是客户导向型业务产品按时交付的关键要素，是客户非常关注的。因为按时交付率是该类业务的关键绩效指标，因此，营销管理如何将企业现有的生产能力、设施设备能力及质量保证能力清晰地传递给客户，也是该类业务营销的关键。这些资料一定来自生产管理的前期准备，而不是营销管理的自我认知。

5）采购管理的价值定义

采购管理的价值定义：根据营销管理准备推广的产品，准备好企业既往同类产品的样品，以便营销管理能够为客户提供更加真实的企业产品价值（价值流 1.4）。

在客户导向型业务中，不是所有企业都要提供企业既往的产品（成功案例）。但是在一些消费品的定制化业务中，还是存在这种情况的。这是企业在客户面前真实展现自身实力的一种手段。这类产品的准备和提供一定要由专业部门来完成。样品管理在企业的采购管理中是一个非常重要的环节，其对定制化订单的实现起着非常重要的作用。

6）服务管理的价值定义

服务管理的价值定义：根据企业以往的产品服务，给营销管理提供准确的常规服务承诺标准（价值流 1.5）。

如果该类产品需要未来的售后服务，那么营销管理必须清楚企业能够承诺的同类产品和服务内容。这对未来定制化产品的整体报价将起到关键的作用。

总之，之所以在该类业务形态中针对前端企业能力营销环节，强调这么多业务之间的协同关系，是因为该类业务形态存在很多差异化的需求。如果营销管理不掌握企业内部各方能力以及服务标准，那么未来交付的成本将无法控制。

【过程二　需求分析和样品工艺制定】

该过程是指通过营销推广之后，客户提出了相应的需求，企业内部各业务板块之间协同满足客户需求，并提供样品的管理过程。

1. 该过程的价值流（见图 3-7）

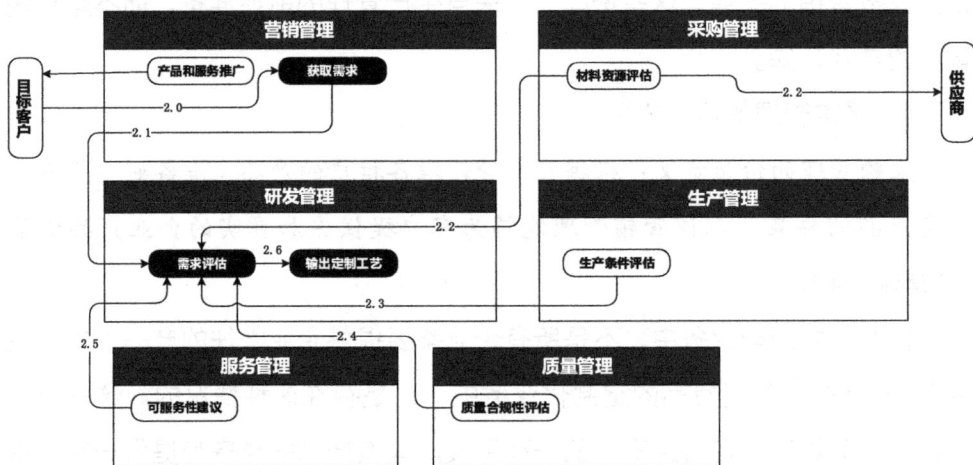

图 3-7　需求分析和样品工艺制定的价值流

2. 该过程各业务板块的价值定义

1）营销管理的价值定义

营销管理的价值定义：引导、识别并获取客户的需求，并通过正确的方式有效传递给企业的技术部门（价值流 2.0、2.1）。

在该过程中，需求的获取是一个驱动业务活动。是否能够真正识别客户的需求，并与企业现有生产能力和技术能力相匹配，是营销管理的价值。同时，针对客户导向型业务，从营销的需求端到技术的匹配端，如何有效、准确地实现需求信息的传递，是该过程中的关键驱动活动。如果对称度不够，那么不论是在时间成本方面还是试制成本方面，企业都会受到很大影响。

2）研发管理的价值定义

研发管理的价值定义：根据营销管理需求的反馈，准确评估需求，结合企业自身的设计能力和交付能力，设计并输出定制产品工艺（价值流 2.6）。

该过程是客户导向型业务成败的关键阶段，也就是说，如果研发管理在设计过程中不能满足客户的需求，那么订单实现的可能性为零。在该过程中，研发管理要想输出合理、正确的定制产品工艺，必须与生产管理、采购管理、质量管理和服务管理等业务板块有效协同，而且其起着主导作用。

- 与生产管理的协同，是实现工艺的设计与未来批量化生产的可达成性。
- 与采购管理的协同，是实现未来对应原材料供给的周期性与可选择性。
- 与质量管理的协同，是保证客户需求的产品在企业质量管理体系的范围内。
- 与服务管理的协同，是实现未来产品和服务的可实施性和经济性。
- 在这个过程中，信息流的完整性和对称性是研发管理的关键，不论是与前端的营销管理，还是与后端的各个业务板块的协同，都需要规范的信息定义，以及沟通方式的定义。

3）采购管理的价值定义

采购管理的价值定义：根据研发管理输入的订单产品的设计要求，评估现有材料资源的符合度，以及对应新材料的采购周期和质量（价值流 2.2）。

在针对不同需求评估的过程中，材料资源是一个非常重要的评估项。客户提出的需求千变万化，可能在颜色、尺寸、外形和性能等方面有着不同的需求。即使针对生产同类产品的企业，原材料的准备也是非常重要的。在企业现有采购的品种中，常用的原材料尺寸和规格是否符合客户需求以及产品设计需求，影响着未来产品的材料成本。如果现有供应商不能满足客户的需求，那么新的材料选择以及供应商的评价，就成为采购管理的一个关键任务。评估周期、供货周期及质量是采购管理必须严格控制的关键要素。

4）生产管理的价值定义

生产管理的价值定义：根据研发管理输入的设计需求，评估现有生产条件的符合性，以及产能准备度，保证未来批量化生产的可靠性（价值流 2.3）。

通常，客户导向型业务的生产条件属于柔性生产，所以每一批订单类产品的生产工艺及工装要求都会存在一定的不同。现有生产条件不仅制约着产品工艺的设计，也决定着未来的生产效率。因此，与研发管理的密切协同，是生产管理的重要任务。生产管理不仅要提供现有生产条件，也要提供产能可利用的空间。只有这样，才能为后期订单的按时交付、生产成本的控制提供有价值的准备。

5）质量管理的价值定义

质量管理的价值定义：根据研发管理输入的设计需求，评估该产品的质量管理体系的合规性，以及相关设计标准的可遵循性（价值流 2.4）。

客户需求要符合企业现有的质量管理体系标准，也就是行业标准。如果客户需求超出企业现有的质量管理体系标准，那么企业是不能进行设计和生产的，否则就违反了行业标准。如果客户需求低于企业现有的质量管理体系标准，那么这种情况是允许存在的。针对这种情况，有些企业选择不做，其考虑的是企业的声誉；有些企业则选择做，因为只要满足客户的需求，就可以做。这两种选择没有对错之分，是企业自身的业务定位问题。但是，要符合质量管理体系标准，这是质量管理的底线。

6）服务管理的价值定义

服务管理的价值定义：根据研发管理输入的设计需求，负责评估未来产品的可服务性需求，保证未来产品的安装、售后服务的可靠性和经济性（价值流 2.5）。

如果客户导向型业务产品具有安装或售后服务需求（不是所有此类业务产品都需要安装或售后服务），那么在产品设计初期，服务管理就要针对研发管理输入的设计需求，提出现有同类产品的可服务性建议。同时，针对客户的特殊设计需求，准确提出该类产品未来可服务性的标准，以保证未来可服务性的有效达成。

【过程三　样品制造和交付】

该过程的驱动业务活动是研发管理在前一过程中最终输出的样品工艺。针对该工艺，研发管理还需要与生产管理进行频繁的交互和修正。只有在样品工艺完全确定之后，才能进行样品的正式生产。

1. 该过程的价值流（见图 3-8）

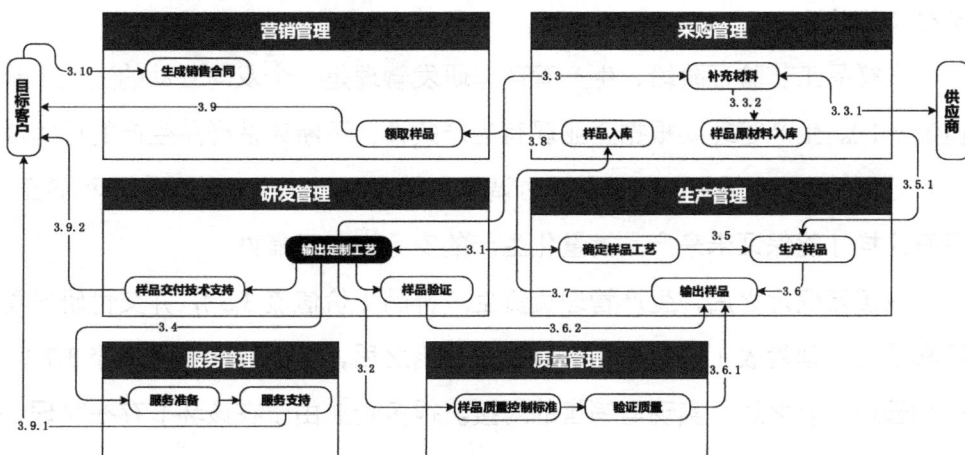

图 3-8　样品制造和交付的价值流

2. 该过程各业务板块的价值定义

1）研发管理的价值定义

研发管理的价值定义：根据设计输出的定制工艺，驱动后端资源的协同，完成样品制造的全过程管理（价值流 3.1、3.2、3.3、3.4、3.6.2、3.9.2）。

样品制造是客户导向型业务价值创建的关键环节，研发管理起着驱动作用。在该过程中，研发管理需要与生产管理、质量管理、采购管理、服务管理和营销管理等业务板块进行密切协同。

- 与生产管理协同：实现样品工艺的稳定性和可实施性（价值流 3.1）。
- 与质量管理协同：确定产品质量控制标准（价值流 3.2），共同验证样品质量（价值流 3.6.2）。
- 与采购管理协同：完成原材料的准备（价值流 3.3）。
- 与服务管理协同：完成产品和服务的前期准备（价值流 3.4）。
- 与营销管理协同：完成样品交付的技术支持（价值流 3.9.2）。

2）生产管理的价值定义

生产管理的价值定义：根据研发管理输出的样品工艺，通过对设备以及相应的工装进行不断的调试，最终确定样品制造工艺，以及完成样品的制造交付（价值流 3.1、3.5、3.6、3.7）。

在样品工艺验证阶段，生产管理与研发管理是一个双向互动的过程（价值流 3.1）。生产管理要根据企业现有生产条件，不断评估样品生产的可达成性和可靠性。如果遇到问题，需要协调研发管理进行相关工艺的完善和修正，只有这样才能保证未来产品批量化生产的安全性和可靠性。

在工艺确定之后，生产管理负责生产样品（价值流 3.5），并交付研发管理和质量管理验收（价值流 3.6）。验收合格之后，样品入库（价值流 3.7）。采购管理接收之后，实现与销售的对接。很多企业由于在该环节存在管理缺失，造成在样品管理中没有实现样品生产、入库、出库等全流程管理，为企

业整体产品的管理带来了隐患和不必要的损失。

3）质量管理的价值定义

质量管理的价值定义：根据研发管理与生产管理最终确定的样品工艺，组织完成样品质量控制标准，并完成样品质量的评估（价值流3.2、3.6.1）。

只有研发管理与生产管理最终确定样品工艺后，质量管理才能根据确定的样品工艺，制定样品质量控制标准，包括原材料采购标准、生产标准、质量验收标准等（价值流3.2）。该标准也是未来营销管理在订单生成之后向客户提供批量化供货时，所需遵循的质量承诺。

在样品生产结束之后，质量管理要协同研发管理一起完成对样品质量的验证（价值流 3.6.1），并在该过程中完善未来产品批量化生产的质量控制标准和验证标准。

4）采购管理的价值定义

采购管理的价值定义：根据样品工艺及研发管理输出的采购清单，负责组织采购对应的原材料，并评估未来批量化生产的采购周期及材料价格，同时协同营销管理完成样品交付（价值流3.3、3.8）。

在样品工艺确定之后，采购管理根据研发管理输出的采购清单，进行原材料采购的评估。其中如果有企业原有的供应商，就按照现有的价格体系进行采购报价。如果出现非原有的供应商，就需要进行新的供应商评价以及样品原材料的试用，为样品的制造准备好材料（价值流3、3.3.1、3.3.2）。试用成功后，就需要立刻启动新的供应商供货以及价格评估与谈判，因为这直接影响着未来该订单批量化生产的交付周期以及产品报价。

在样品制造完成之后，采购管理需要对样品进行入库管理，并协同营销管理完成样品的交付（运输等）。

需要注意的是，在客户导向型业务中，有些原材料的采购存在最小采购量的现象，但是，客户提出的订单需求有时不需要这么多原材料，而且这些原材料在未来能否继续使用也是未知数。面对这种情况,企业在订单报价环节需要明确是否将最小采购量的成本全部记入该订单。如果否,就会存在成本定价的缺失,因为剩余原材料将变成库存,而且未来继续使用的可能性是不确定的。

5)服务管理的价值定义

服务管理的价值定义:根据研发管理输出的样品工艺和性能要求,负责完成未来产品安装工艺的设计,以及相关工具的准备(价值流3.4、3.9.1)。

如果客户导向型业务未来存在产品现场安装与调试的需求,服务管理就需要根据产品设计输出的产品物料清单,设计输出安装服务清单以及安装调试实施步骤,以保证产品交付的正确性和可靠性。

在样品制造交付之后,服务管理需要协助营销管理在客户指定的现场完成样品的安装与调试,实现样品的完整交付(注意:不是所有客户导向型业务都有这样的需求)。

6)营销管理的价值定义

营销管理的价值定义:根据由研发管理驱动完成的样品,实现与客户方的对接和样品交付,为订单的正式生成做好前期准备(价值流3.9、3.10)。

营销管理在样品具备交付条件之后,需要协同研发管理和服务管理完成客户需求的样品提供,并协同研发管理与客户进行有效的样品技术参数的确认。该过程是订单生成之前重要的技术交底过程,是接下来商务谈判的前期准备。研发管理在该过程中具有很重要的作用。如果没有研发管理的参与,那么对营销管理的能力要求就会非常高。所以,在客户导向型业务中,人员配置方式不同所带来的管理能力和人员能力的挑战也不同。通常,如果客户导向型业务的产品和服务对技术要求非常高,研发管理就需要设置技术支持的管理职责,反之,该职责就属于营销管理范畴。

通过上述三个关键业务过程的价值流动的方式,以及各个业务板块的价值定义(见图3-9)可以看到,客户导向型业务与产品领先型业务最大的不

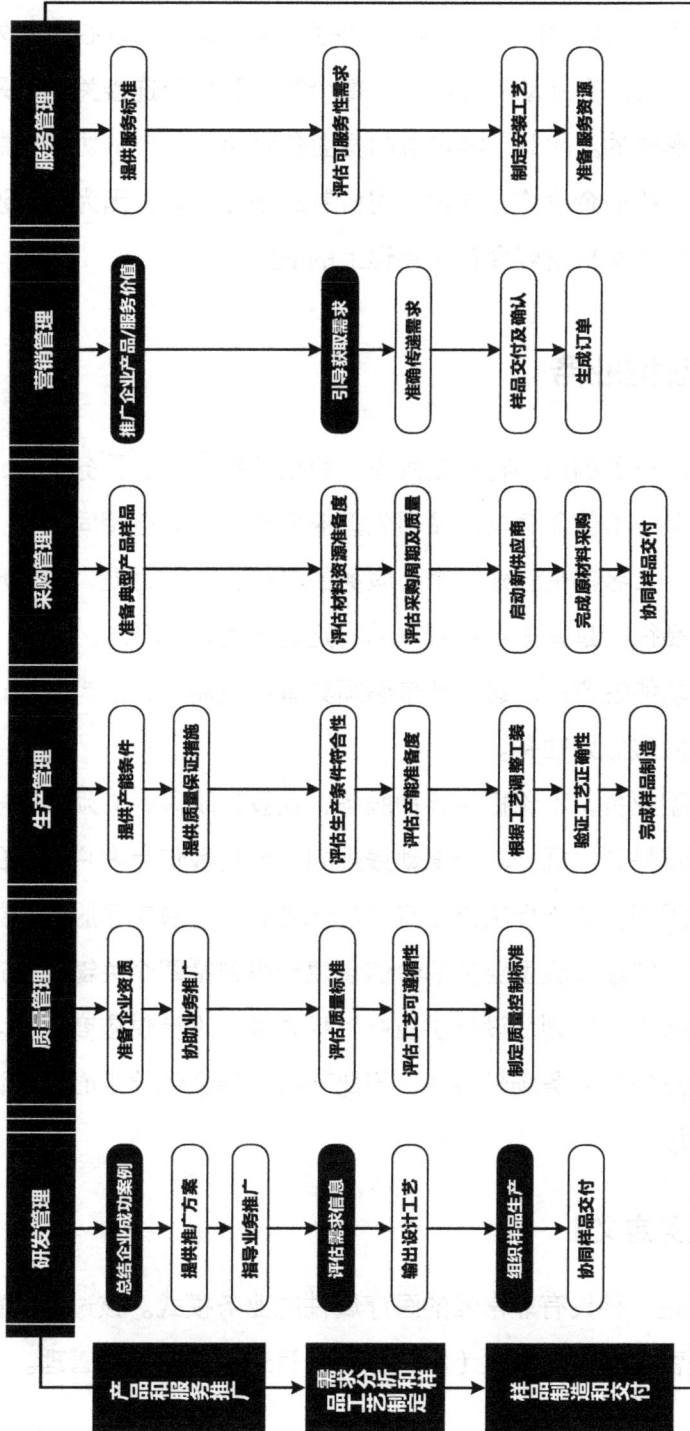

图 3-9　客户导向型业务的价值创建运营管理全过程（黑框中的业务活动为驱动业务活动）

同是，在价值创建阶段，价值流不仅出现在企业内部，还出现在企业外部——与客户的有效互动。在互动的过程中，每个节点及每个连接关系都是通过信息的有效传递形成的。因此，客户导向型业务对组织内部的协同机制要求非常高。价值流是帮助企业构建这种协同机制的核心基础，因为如果没有顶层的设计，底层的协同机制就会存在管理上的缺失。

‖ 快速反应型业务

快速反应型业务的核心特点是效率，包括流程效率、服务效率、供应链效率等。该业务的价值创建与产品领先型业务相比，既有相同之处，也有不同。相同之处，二者都是创建一个可服务的产品；不同之处，快速反应型业务所创建的产品往往是基于目标客户的特定场景的，如超市、商场、快递等，而非单一某个功能性产品。这种场景必须具备可复制性，以为后期进行连锁扩张的规模化发展做好准备。

快速反应型业务，不论提供哪种服务，在设计阶段都必须知晓一个关键运营要素，那就是动线规划。所谓动线规划，就是我们为客户提供的服务体验的全部路线规划，其不但决定了客户的体验感，也决定了服务的效率。

总体来看，快速反应型业务的价值创建阶段包括四个关键业务过程，即服务定义、服务内容规划、设计供应商招标寻源、设计供应商评估。

由于快速反应型业务场景很多，因此下面以健康体检中心为例详细描述其价值创建阶段。

【过程一　服务定义】

健康体检是一种具有非常强的医疗属性的业务模式。该过程最重要的三个业务板块是营销管理、医质（医疗质量）管理、业务规划管理。

1. 该过程的价值流（见图 3-10）

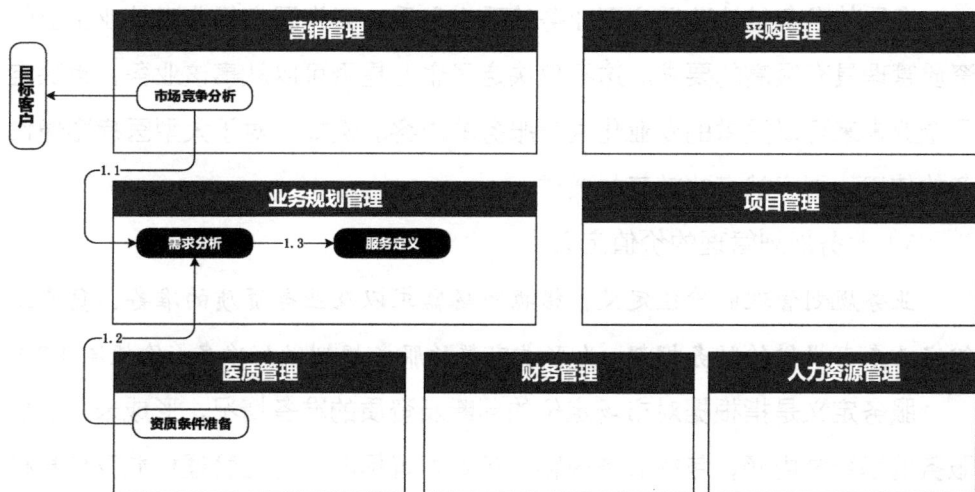

图 3-10 服务定义的价值流

2. 该过程各业务板块的价值定义

1）营销管理的价值定义

营销管理的价值定义：根据企业定义的业务方向，负责进行有针对性的市场调研，准确提出未来企业服务定位的建议（价值流 1.1）。

快速反应型业务的前期市场调研，除了与产品领先型业务的市场调研有相同之处（目标客户、服务内涵、服务质量、市场价格、竞争分析、渠道分析等），还要关注服务场景的位置与方式。所谓位置，就是与目标客户连接的有效距离，因为只有这样才能实现未来服务的快速递交；所谓方式，就是服务场景是属于独立型门店还是店中店，因为不同方式决定了未来场景规划的难易程度和建设成本。除此之外，还需要提供同类服务场景的基本面积，这决定了未来可以提供服务内容的设置方式。

2）医质管理的价值定义

医质管理的价值定义：根据企业定义的服务内涵，对照国家及行业主管部门的行业管理规范，准备翔实资料，完成资质申请（价值流 1.2）。

资质的准备是快速反应型业务的重中之重，因为医疗行业对从业企业的资质管理具有很高的要求。这不仅决定了企业是否可以从事该业务，也决定了企业未来可以提供的专业化医疗服务的内容。例如，对于大型医疗影像设备的使用，国家就有非常高的要求。

3）业务规划管理的价值定义

业务规划管理的价值定义：根据市场需求以及业务资质的准备，负责组织定义未来提供的服务框架，为形成完整的服务规划做好准备（价值流 1.3）。

服务定义是指根据对市场定位的判断及资质的准备情况，形成未来提供服务的框架性内涵，包括服务内容、基本配置标准、行业管理标准及自身标准规划的对标与修正，为接下来的详细规划做好前期准备。通常，该过程输出的是类似于可行性分析报告的规划建议。

【过程二　服务内容规划】

该过程的重点任务是，围绕服务定义，启动服务内容的详细规划。服务内容包括物理环境、资源配置、服务标准等。这不仅决定了未来服务价值的体现方式和标准，也体现了企业业务的差异化定位。该过程涉及的业务板块包括业务规划管理、产品管理、医质管理、营销管理和采购管理等。

1. 该过程的价值流（见图 3-11）

2. 该过程各业务板块的价值定义

1）业务规划管理的价值定义

业务规划管理的价值定义：根据确定的服务定义，组织协同相关业务部门进行服务内容规划，保证规划的服务产品具备专业性、可实时性、竞争性及经济性（价值流 2.1、2.8）。

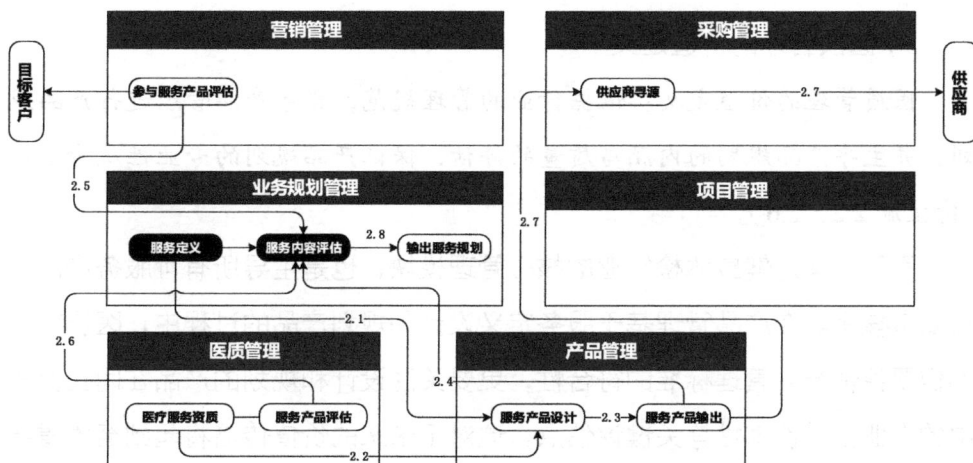

图 3-11　服务内容规划的价值流

业务规划管理在服务内容规划过程中起着主导和协同的作用，通过整合营销、医质、产品和采购等各专业资源，使未来可提供的服务产品成为可能。业务规划管理必须注意的是，时间服从质量。因为对未来任何一个可复制的业务，在前期策划时必须考虑各方的资源配置需求，以及资源供给情况，否则当业务需要不断扩展时，不论是成本还是交付周期，都将存在很多不确定因素。

2）产品管理的价值定义

产品管理的价值定义：根据业务规划管理的服务定义，以及医质管理的标准，负责未来可以提供服务产品的设计与规划（价值流 2.3、2.4）。

产品设计是服务价值体现的重要载体。尽管从该行业常规的服务内涵来看基本上没有太大差异，但是选择不同的服务内容，对未来供应商的选择，以及空间要求、价格、服务标准等，都将有重要影响。产品设计输出通常包括未来提供的科别、检项、设备配置、检测方法、数量配置、报告标准、空间要求等关键内容，以此满足服务定义的实现，以及未来资源招商和空间规划的前期准备。

3）医质管理的价值定义

医质管理的价值定义：依据行业的管理规范，指导产品管理进行产品规划，并主导产品规划的内涵与质量的评估，保证产品规划的专业性及价值性（价值流2.2、2.6）。

医质管理是健康体检行业的核心管理模块，也是主导所有可服务产品的重要审核者。在产品管理基于服务定义设计和规划产品的过程中，医质管理不但要评估行业管理标准的符合性，更要关注设计和规划的产品在同业竞争中的专业性、价值性等关键评估点，这对于未来的价值传播将起到至关重要的作用。

4）营销管理的价值定义

营销管理的价值定义：根据业务规划管理的服务定义，围绕产品营销方面的竞争性及可选择性等关键要素，参与产品设计和规划的评估（价值流2.5）。

营销管理是最直接面向市场和客户的业务端口，基于对市场的判断以及竞争分析，最了解未来推出的服务产品是否能够满足市场的需求。因此，在服务产品设计和规划的过程中，企业需要不断评估与自身市场定位相匹配的服务产品能够给客户带来的价值，以及在竞争中取胜的关键因素。这是营销管理在服务内容规划过程中的核心价值点。

5）采购管理的价值定义

采购管理的价值定义：根据产品的设计和规划，前瞻性地对未来合作的供应商进行寻源和评估，保证未来服务交付的及时性和经济性（价值流2.7）。

快速反应型业务典型的发展模式是复制。初期供应商的寻源及合作方式的确定，对未来该类业务的快速扩张将起关键作用。因此，在产品设计和规划的初期，采购管理就要围绕核心产品的设计对供应商的评估做准备，包括符合产品设计需求的设施与设备的型号、供应商的供货能力、服务能力、使用成本、价格趋势等关键因素。对前期供应商的寻源评估，将为实现业务的正常上线做好准备。

【过程三　设计供应商招标寻源】

设计供应商招标寻源是实现服务空间规划可视化的关键业务过程，因为未来所有可服务产品的规划一定是基于场景的。

1. 该过程的价值流（见图 3-12）

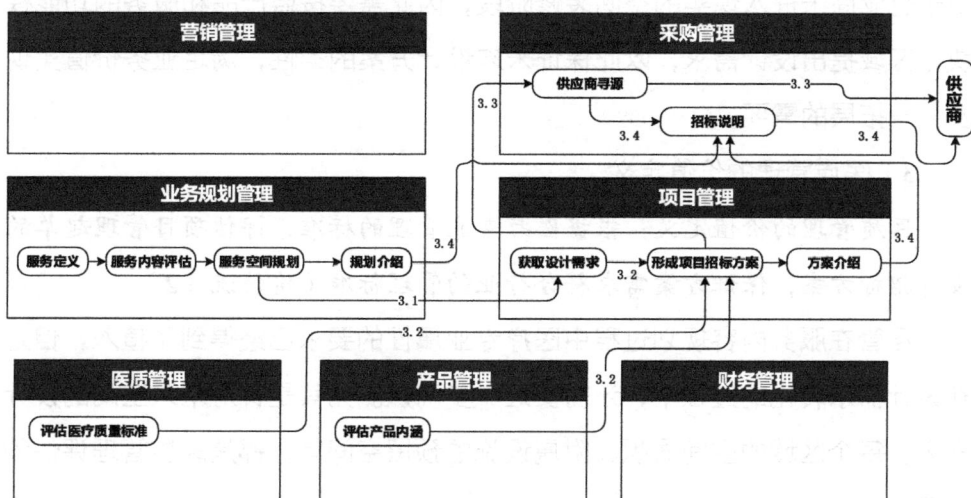

图 3-12　设计供应商招标寻源的价值流

2. 该过程各业务板块的价值定义

1）业务规划管理的价值定义

业务规划管理的价值定义：根据确定的产品规划，指导项目管理进行招标方案的设计，并组织完成设计供应商的招标寻源工作（价值流 3.1、3.4）。

该过程仍然是以业务规划管理为驱动的管理过程。首先，要将已经完成的服务定义以及产品规划有效传递给项目管理（价值流 3.1），并指导项目管理完成招标方案的设计。在确定候选供应商之后，组织完成设计规划的相关说明会，确保设计需求的准确性（价值流 3.4）。

2）项目管理的价值定义

项目管理的价值定义：根据业务规划管理输入的服务定义和产品规划，负责空间设计招标方案的起草，并协同采购管理等业务板块完成设计供应商的寻源及需求说明（价值流3.2、3.3、3.4）。

项目管理是未来服务空间建设的主导部门。在企业的服务定义和产品规划清晰的前提下，项目管理要按照空间的需求完成硬装、软装的专业设计。由于企业尚未进入现实的空间装修阶段，因此需要按照产品和服务的功能模块分区域提出设计需求，以此保证未来设计方案的柔性，满足业务价值实现及业务拓展的需要。

3）医质管理的价值定义

医质管理的价值定义：根据医疗专业管理的标准，评估项目管理起草的设计招标方案，保证方案需求符合行业的管理标准（价值流3.2）。

尽管在服务内容规划过程中医疗专业属性的要求已经得到了植入，但是在设计需求转化的过程中，还需要进一步确认。尤其是针对未来空间的设计规划，每个区域的空间面积、附属设施的预留空间等，都是医质管理评估的关键点。

4）产品管理的价值定义

产品管理的价值定义：根据产品规划的内容和方式，参与评估设计招标方案，以满足服务产品可实现性的空间需求（价值流3.2）。

在设计方案需求规划中，产品管理的关键评估点有两个：一是，评估服务产品与设施设备的空间需求，包括最基本的设备及人员配置；二是，评估整体服务空间服务动线的合理性，保证未来客户的服务动线更加合理，避免过多拥堵。

5）采购管理的价值定义

采购管理的价值定义：根据项目管理输入的设计招标需求，协同项目管理完成设计供应商的寻源工作，并协同完成招标说明会（价值流 3.4）。

采购管理是企业所有外部供应商的招标组织的牵头部门。在设计需求明确的前提下，按照企业供应商的管理规范，协同项目管理，根据资质、设计能力、品牌、质量保证、合作意愿等完成设计供应商的寻源工作。

【过程四　设计供应商评估】

1. 该过程的价值流（见图 3-13）

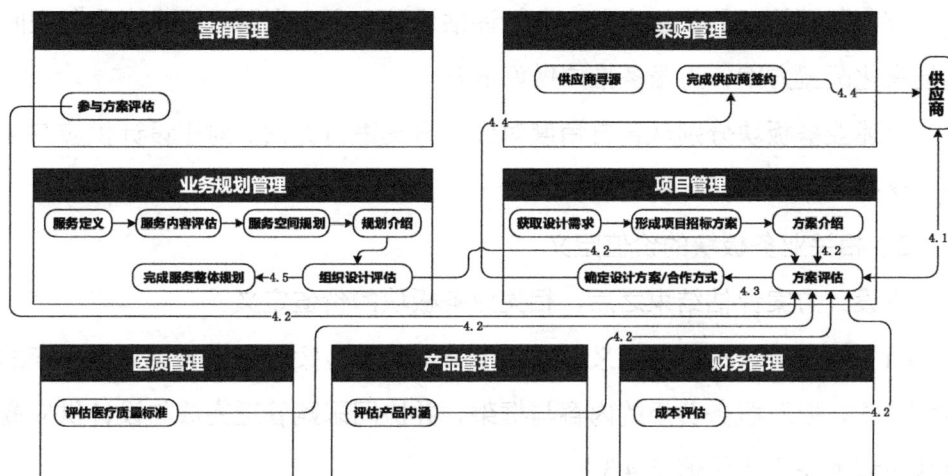

图 3-13　设计供应商评估的价值流

2. 该过程各业务板块的价值定义

1）设计方案评估过程

设计方案评估过程是组织内部各个业务板块协同的过程。它们要分别从各自管理的范畴及关注点，全面评估设计供应商提供的方案（价值流 4.2）。

（1）业务规划管理的价值定义：是评估的组织者和牵头部门，全面评估设计方案与服务定位及品牌的符合度。

（2）项目管理的价值定义：在评估设计方案符合度的过程中，重点评估模块化设计方案在未来实施过程中的可操作性和工程之间的衔接性。这是静态的设计规划，而在未来具体项目实施过程中，还会出现很多问题，需要提前假设。

（3）医质管理和产品管理的价值定义：二者的核心是按照行业管理规范及产品可服务性来评估。

（4）财务管理的价值定义：根据设计方案，全面评估未来的基本费用预算，包含设计费用、施工费用等。尽管这些都是静态设计中的费用，与未来的费用会有一定差距，但是对于整体业务规划的资金准备是有非常大的价值的。

（5）营销管理的价值定义：参与评估设计方案，全面了解未来服务空间的场景化配置方案，为服务推广做好准备。

上述业务板块分别从各自角度对设计方案进行评估。对于设计供应商来讲，这是一个多次循环的过程。

2）相关业务板块的价值定义

在设计方案评估结束之后，相关业务板块的价值定义：

（1）项目管理的价值定义：根据最终的设计方案，确定与设计供应商的合作方式，以及服务费用的内容与框架，并协同采购管理完成与设计供应商合作协议的签订（价值流4.3）。

（2）采购管理的价值定义：根据项目管理提供的合作方式以及合作内涵，组织完成与设计供应商合作协议的签订（价值流4.4）。

（3）业务规划管理的价值定义：根据前期的所有准备，全面整理并输出未来服务的整体规划框架以及预算框架，包括服务定位、服务产品、空间规划、设备供应商及基本报价、设计供应商及基本报价等（价值流4.5）。

上述四个过程的完善性和精准性，直接决定了支持业务拓展的响应速度（见图3-14）。有些企业认为，在前端花这么多时间做准备是没有必要的，是在浪费时间。实践证明，如果前端的设计规划欠缺，在后端就只能用时间和利润来弥补，这就是管理的基本规律。

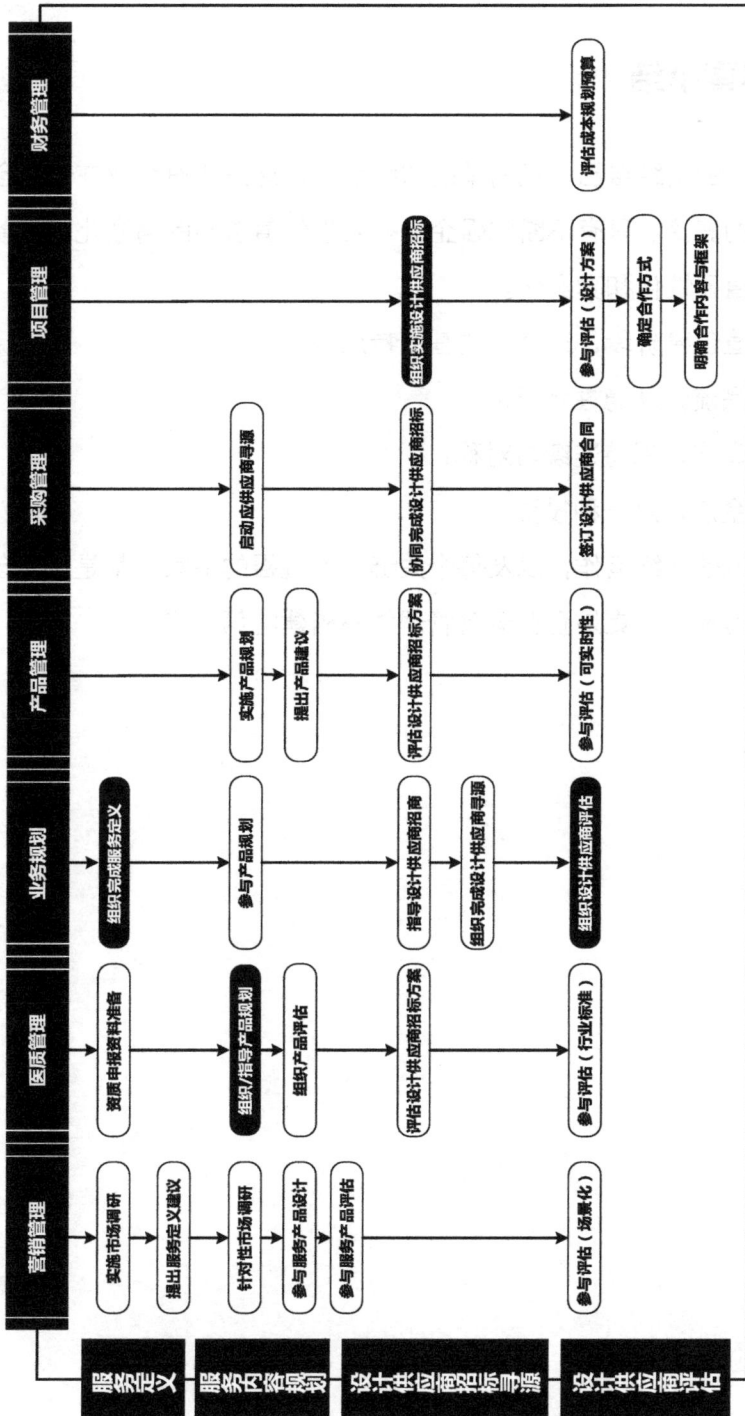

图 3-14　快速反应型业务的价值创建运营管理全过程（黑框中的业务活动为驱动业务活动）

本章小结

把复杂的留给自己，把简单的留给客户，这是所有企业在价值创建阶段运营管理的真谛。只有不断加强企业各要素价值流转的清晰化，才能将赋予客户的价值显性化和真实化。

在价值创建阶段，三个流的基本特点是：

- 产品流，从隐性到显性；
- 信息流，保持连续与对称；
- 资金流，是一种投资。

三个流的连续运作，以及每个关键业务过程的决策，都是价值创建阶段的核心管理基础，更是企业运营管理体系搭建的第一步。

第 **4** 章

构建并定义价值实现
运营管理体系及业务价值

产品领先型、客户导向型、快速反应型这三种形态的业务在价值实现阶段的共同目标是，将研发管理输出的价值转化成面向客户的批量化生产与供给的过程。但就具体运营管理要素而言，三者之间又存在很大不同。

产品领先型业务

产品领先型业务的价值实现阶段通常称为新产品导入阶段（New Product Introduction，NPI）。一般情况下，在价值实现阶段要完成三个导入过程，即生产导入、服务导入、营销导入。这三个过程的联动与配合是新产品快速、有效推广的前提。

【过程一　生产导入】

工艺转化是产品领先型业务在生产导入过程中最重要的运营环节，也是新产品能否实现批量化生产的驱动管理环节。生产导入过程通常涉及研发管理、生产管理（包含工艺和工装）、质量管理、采购管理等业务板块。

1. 该过程的价值流（见图 4-1）

2. 该过程各业务板块的价值定义

1）研发管理的价值定义

研发管理的价值定义：根据研发设计成果，负责组织产品内部发布工作，并在完善产品 BOM 的同时，有效与工艺管理对应，完成产品从工艺转化到量产的技术支持（价值流 1.0、1.9）。

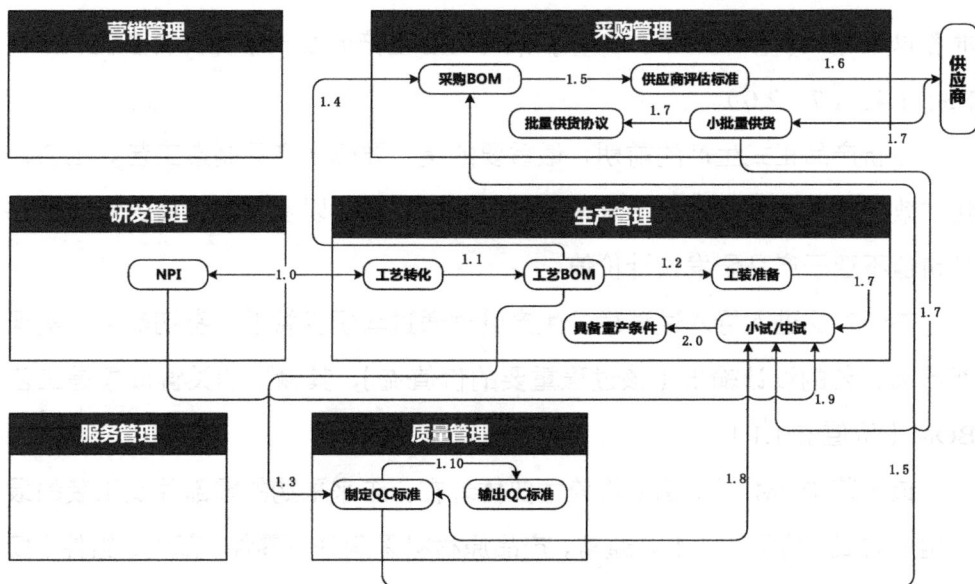

图 4-1　生产导入的价值流

新产品导入阶段一定是以研发管理为主导的工作。研发管理要根据产品验证过程中发现的问题，完善产品设计，并输出产品 BOM，同时要针对产品安全风险管理以及信息安全管理形成完整的报告，输出给其他各个业务板块。在工艺转化的过程中，研发管理要持续与工艺管理进行密切配合（价值流 1.0），支持产品工艺的有效转化，这是工艺管理与研发管理持续互动的过程。

在新产品工艺基本确定之后，生产管理进入小试和中试环节。研发管理也要参与整体试制的过程（价值流 1.9），通过与工艺管理密切配合，最终确定产品制造工艺，为批量化生产做好准备。

2）生产管理的价值定义

生产管理的价值定义：根据研发管理输出的产品 BOM，负责组织实施产品的工艺转化，并根据工艺转化的成果协同采购管理和质量管理制定供应商的评价标准，以及生产过程中的质量控制标准，同时组织实施生产工装的准备以及小试、中试的验证工作，最终具备量产的生产条件（价值流 1.2、1.3、1.4、1.7、2.0）。

在新产品正式生产的前期，最重要的是，要确定产品制造工艺。工艺转化的效果如何，直接决定了未来量产的制造成本，以及制造过程的复杂度，其价值不亚于产品研发设计价值。

在新产品进入导入过程后，生产管理通过与研发管理的密切配合，实现新产品工艺的设计输出（该过程重要的价值流），其输出的关键成果是工艺BOM（价值流 1.1）。

该工艺 BOM 对采购的价值主要体现在，未来采购的零部件及工装的最小组成方式（价值流 1.4）。通常，产品原材料采购分为零件、部件、组件（模块）、小系统、大系统以及超大系统等不同的采购单元。工艺的确定直接决定了未来产品原材料的组成方式，这不仅决定了未来采购的复杂度，也决定了未来原材料的采购成本（通常情况下，制造企业零部件的采购成本占制造总成本的 60%~70%）。

与此同时，工艺 BOM 也是产品生产 QC 标准制定的依据。虽然在产品开发过程中，质量管理一直遵循着行业的质量标准对开发质量进行严格把控，但是在进入常规生产之前，质量管理必须根据工艺 BOM 建立、评审和确认产品的过程质量标准、原材料采购标准和产品交付标准。

除了与采购管理和质量管理的密切配合，生产管理内部也要完成符合新产品试制需求的工装准备（价值流 1.2）。由于在价值创建阶段企业对研发管理有复用的开发要求，因此原则上在该阶段需要补充的工装资源应该是可控的，也就是说，现有的生产条件能够满足新产品工装准备的需求。

在工装准备和产品试制的原材料基本满足的情况下，生产管理协同研发管理和质量管理完成新产品的小试和中试（价值流 1.7），并通过不断评估产品生产质量的可靠性来完善工艺，最终实现产品批量供给的工艺确认、生产条件确认，以及产品制造可追溯性的标准定义等必要准备（价值流 2.0）。

3）质量管理的价值定义

质量管理的价值定义：根据工艺转化的输出，负责起草和评估产品生产及原材料采购的质量控制标准，并协同研发管理和生产管理完成新产品的小试、中试质量评估，保证未来批量生产质量控制标准的完整性，以及检测方法的可行性（价值流 1.5、1.8、1.10）。

质量管理要根据工艺转化的成果，全面建立符合法规要求的新产品全面质量控制标准（价值流 1.10），包括原材料及工装的采购标准（价值流 1.5）、生产过程的质量控制标准、产成品质量评价标准，以及所有相关的质量检测手段和方式方法（价值流 1.8）。

尤其是在新产品的小试和中试环节，质量管理通过与工艺和研发的配合，最终实现未来产品量产的质量控制手段和标准的输出。通常，在小试和中试环节会存在工艺的优化以及原材料的优化，因此质量控制标准持续、快速的完善是质量管理的关键任务。

4）采购管理的价值定义

采购管理的价值定义：根据工艺转化的成果，以及采购质量的控制标准（原材料、包装及运输），负责供应商的评价以及小试和中试环节的原材料及工装的采购，并根据小试和中试成果完成未来量产的供应商协议签订（价值流 1.5、1.6、1.7）。

在产品工艺转化完成后，采购管理应该按照工艺设计的要求、质量控制标准以及包装运输的要求，进行供应商的评价和首次采购的准备（价值流1.5）。如果在新产品开发过程中能够有效地实施项目采购管理，那么在该过程的响应速度就会得到有效保证。

采购管理通过供应商评价标准的建立以及新供应商的准入评价，实现新产品试制过程中原材料及工装的供给保证，并在新产品试制过程中持续地协同供应商与工艺、研发、质量等业务板块的合作，实现新产品试制的成功，最终形成新供应商的供货协议，为量产做好采购准备（价值流 1.7）。

上述四个业务板块的有效配合是新产品导入阶段的关键管理环节，是新产品能够实现未来稳定生产和交付的重要管理环节。因此，在该过程中不论是对时间的把握，还是对资源的投入，企业都要按照新产品设计交付的标准来评价，否则价值实现就不能达到企业预期的目标。

【过程二　服务导入】

1. 该过程的价值流（见图 4-2）

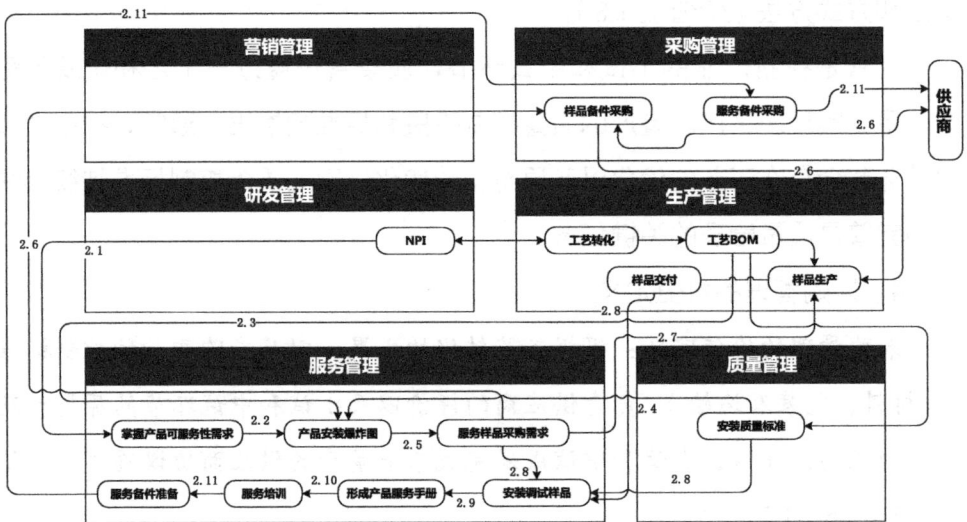

图 4-2　服务导入的价值流

2. 该过程各业务板块的价值定义

1）研发管理的价值定义

研发管理的价值定义：根据产品设计输出，向服务管理输出新产品的可服务性标准（价值流 2.1）。

在产品开发过程中，研发管理根据产品可服务性需求，设计未来产品的安装、保养及维修等服务标准和实施要求。这是连同产品性能、参数指标一并需要给服务管理输入的关键信息，也是为了服务管理更好地掌握新产品的可服务性标准打下坚实的基础。

2）生产管理的价值定义

生产管理的价值定义：根据工艺转化的成果，以及原材料的组成，为服务管理提供未来产品安装服务的基本条件，以及零部件的组成标准（价值流2.3）。

在生产管理工艺转化结束之后，服务管理应该清楚新产品的安装方式、包装方式、运输方式，以及相关零部件配置的标准。这对于服务管理形成产品安装爆炸图以及新配置的服务工具具有非常重要的作用。

3）质量管理的价值定义

质量管理的价值定义：根据工艺转化的标准，以及质量控制标准，负责提供产品服务标准，以此指导服务管理建立完善的产品可服务性质量控制标准（价值流2.4、2.8）。

产品质量控制标准的输出必须包括产品未来服务过程中的质量标准。如产品安装调试、保养以及常规维修的质量标准。这些标准需要在服务管理的产品安装爆炸图设计、样品安装及调试的过程中加以验证，并最终输出完整的服务质量控制标准（加上前面提到的采购标准、包装运输标准、生产质量控制标准、产品交付标准、仓储标准等，形成完整的新产品质量控制标准）。

4）采购管理的价值定义

采购管理的价值定义：根据服务验证过程的样品采购需求以及新产品上市之前的服务备件储备需求，负责完成样品的原材料，以及备件储备计划的原材料采购（价值流2.6、2.11）。

为了实现新产品服务的可靠性，企业通常需要在产品正式上市之前完成内部服务手册的建立。这个建立的过程需要从实践出发，涉及对新产品进行从安装到调试等关键服务环节的实践。因此，此时需要样品作为服务验证的载体。有的企业可能会用小试或中试成功的新产品作为服务验证的样品。有的企业为了保证服务的可靠性，会重新定制样品，这样就需要采购管理为服务样品提供必需的备件准备（价值流 2.6）。

同时，为了保证新产品上市之后能够快速满足客户需求，需要在新产品上市之前做好服务备件的采购和分级仓储，因此备件采购也是采购管理的重要任务之一（价值流 2.11）。

5）服务管理的价值定义

服务管理的价值定义：根据新产品导入的有关服务信息，以及工艺转化之后确定的产品制造工艺和组装工艺，负责制作产品的服务手册，并针对相关人员完成新产品的服务培训（价值流 2.2、2.5、2.8、2.9、2.10、2.11）。

首先，服务管理需要根据产品设计开发的新产品导入信息，以及工艺转化的标准，对新产品进行产品可服务性的全面了解，并初步形成产品安装爆炸图（价值流 2.2）。这是指导未来服务手册完整建立的核心基础。

其次，根据服务手册建立的需求（价值流 2.5），提出并申请服务样品的制造，并在样品交付之后，按照初始对新产品的认知所形成的产品爆炸图，进行有序的产品样品安装和调试（价值流 2.8），并在该过程中不断修正产品爆炸图，最终形成完整的符合产品安装质量和服务质量要求的服务手册（价值流 2.9）。

再次，根据服务手册，针对未来进行产品服务的相关人员，进行新产品服务标准的全面培训。在该过程中需要设置完整的体验过程，让服务工程师能够掌握该产品的服务标准，为新产品上市做好准备（价值流 2.10）。

最后，在人员就绪和基础资料准备完毕之后，还有一项非常重要的工作，即依据该产品企业未来的销售计划，提前做好相关服务备件的采购准备（价值流 2.11 ）。

从服务导入过程价值流的全貌来看，最关键的环节是产品服务手册的形成（价值流 2.9 ）。它决定了未来产品批量上市之后安装服务和维修服务的可靠性。服务的标准化是服务管理的核心价值，如果没有标准的流程、工具和方法，服务价值就得不到保障。

【过程三　营销导入】

营销导入是与生产导入、服务导入同步进行的关键业务过程。相对来讲，该过程基本集中在营销管理的内部，并分为三个子过程，即产品内部发布、产品上市前的准备、产品市场推广。

为了更加清晰地描述该过程各类运营要素之间的配合关系，我们以医疗设备行业为例来做全面分析。通常，在医疗设备企业，营销管理一般由四个业务板块构成，即市场管理、销售管理、产品管理、临床应用管理。

【营销导入之产品内部发布过程】

1. 该过程的价值流（见图 4-3）

2. 该过程各业务板块的价值定义

1）市场管理的价值定义

市场管理的价值定义：根据新产品导入的详细信息，对照竞争对手，评估新产品的竞争力以及未来产品推广的关键要素，并主导完成产品推荐资料的内容框架（价值流 3.5 ）。

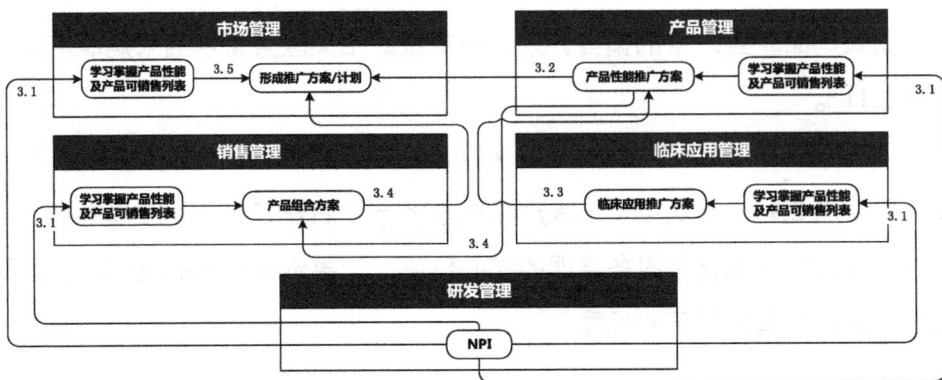

图 4-3　营销导入之产品内部发布的价值流

在新产品立项之初，市场管理是整合内外部需求集中确定产品 CRM（产品商业需求）的关键业务板块。在新产品发布之后，市场管理除了评估新产品研发输出的内涵，还要评估当下市场竞争的趋势，以此作为新产品市场推广的基准，从而进行全面的推广策划。

在该过程中，市场管理要主导并协调销售、产品、临床应用等相关业务板块，完成新产品推荐资料的准备（包括新产品的应用功能、应用场景、应用价值、带给客户的价值、竞争优势等关键要素），并使各方达成共识。

2）销售管理的价值定义

销售管理的价值定义：根据新产品导入的相关信息，全面理解产品可销售列表，并与产品管理协同确定未来新产品销售的组合方案（价值流3.4）。

在医疗设备行业，产品可销售列表包括新产品的基本配置及选配功能等配置方式。销售管理要根据以往客户的常规需求，以及新产品的性能特点，在产品管理的协同下，提出未来产品销售的组合方案，以此作为未来产品推荐资料的关键要素。

3）产品管理的价值定义

产品管理的价值定义：根据新产品导入的相关信息，全面理解新产品功能，并结合客户使用的场景，与销售管理、临床应用管理协同，完成产品宣传素材的准备（价值流 3.2、3.4）。

　　产品管理在新产品导入过程中起着枢纽的作用。产品管理与销售管理协同，确定产品销售的组合方案（价值流 3.4）；与临床应用管理协同，设定产品应用场景，准备相关宣传素材。最终目的是为产品市场推广的顺利进行做好产品推荐素材的准备。

　　4）临床应用管理的价值定义

　　临床应用管理的价值定义：根据新产品导入的相关信息，明确新产品临床应用的关键技术和价值，并协同产品管理，有针对性地完成产品推荐素材的准备（价值流 3.3）。

　　临床应用管理是医疗设备行业特有的管理模块，其核心价值是帮助未来客户专业化地应用企业提供的产品，包括参数调整、操作步骤以及相关注意事项等。这是其他业务板块不能替代的价值。因此，在新产品导入阶段，临床应用管理要从专业角度，针对新产品的性能和特点，为产品管理准备真实可靠的专业素材。

　　从上述四个业务板块的价值定义中我们可以看到，产品管理是该过程的核心驱动业务。

【营销导入之产品上市前的准备过程】

1. 该过程的价值流（见图 4-4）

2. 该过程各业务板块的价值定义

1）产品管理的价值定义

　　产品管理的价值定义：根据临床应用管理提供的专业素材，完整地、全面地设计输出新产品的推广材料，其中包括面向客户的产品推荐资料，以及市场推广所需的资料，并参与市场推广策略的制定（价值流 4.5）。

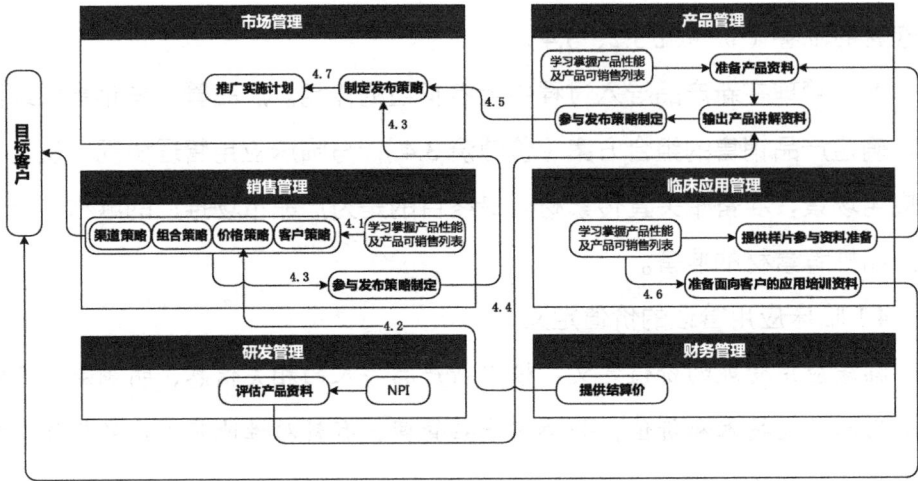

图 4-4 营销导入之产品上市前的准备的价值流

产品管理在该过程中的重要输出是围绕新产品推广对外宣传和讲解的标准资料。

- 面向客户讲解的资料输出标准是基于零假设的输出，也就是要准备各种资料，以面向未来客户的各种场景。
- 面向市场宣传的资料输出标准，既要符合市场宣传的需求，包括产品的功能、特性、领先性和应用性，还要通过数据化、图片化等来输出区别于竞争对手的差异化优势。

除了上述资料的准备，产品管理还需要从产品角度参与市场管理未来市场推广策略的制定，实现产品专业化管理的价值。

2）临床应用管理的价值定义

临床应用管理的价值定义：通过对产品应用性能的全面了解，在帮助产品管理提供专业素材的基础上，开始启动并完成未来面向客户的产品应用培训资料的准备（价值流 4.6）。

产品宣传在前、临床应用在后，这是医疗设备行业特有的属性。再好的产品功能，如果不能在应用端实现有效的转化，那么产品本身的价值就得不

到体现。

因此，在产品正式上市之前，临床应用管理必须依据新产品的自身性能，以及未来可以应用的临床病例，进行有针对性的应用培训资料的准备。

3）销售管理的价值定义

销售管理的价值定义：根据新产品的性能和特点，全面负责制定未来新产品上市的销售策略，并全面参与市场推广计划的制订，保证新产品顺利上市（价值流 4.1、4.3）。

在该过程中，销售管理最重要的任务是针对新产品上市制定相应的销售策略。销售策略包含客户策略、价格策略、渠道策略、组合策略。

（1）客户策略，是针对新产品上市评估出的潜在客户、目标客户、核心客户和种子客户。在这四类客户中，有的是企业现有的客户；有的是企业需要通过新产品从竞争对手那里争夺过来的客户；有的是企业认为与新产品价值最匹配的核心客户；有的是目前与新产品最匹配，同时有购买期望的客户。不论这四类客户是否同时存在，销售管理在新产品上市之前都必须做出相应的管理动作。

（2）价格策略，是在新产品上市之后，在保证企业盈利的前提下企业提出的具体定价，包括终端客户价格、渠道价格（需要通过渠道销售，而非直销）等。

面向终端客户的价格策略，既要考虑新老产品之间的替换情况，也要考虑老客户新增购买的情况，这是维系和发展客户的关键手段之一。

面向渠道的价格策略，需要结合终端客户的价格策略，既要考虑渠道盈利的空间，也要考虑渠道经营同类产品的价格优势（该价格优势必须与产品的功能和质量相关）。

（3）渠道策略，是面对所有的销售渠道，新产品上市推广的优先顺序。这与合作渠道的成熟度，以及渠道掌握的客户资源的成熟度密切相关。无论是全面铺开上市，还是有先后顺序之分，都是销售管理需要决策的关键点。

（4）组合策略，是企业针对新产品上市推广，如何实现与老产品之间的协同销售的策略。例如，通过新产品的优势来提升滞销品的销量；原有畅销产品与新产品的上市组合带来新产品的快速市场化等。不论哪种情况，都是销售管理需要明确的管理重点。企业的任何产品都不是孤立的产品，同类产品之间的组合销售是销售管理最基本的销售策略之一。

在上述四大销售策略相对清晰的情况下，销售管理要全面参与市场管理的产品推广策略的制定，协同制订未来新产品上市的推广方案和实施计划。

4）市场管理的价值定义

市场管理的价值定义：根据产品管理推出的产品推广方案和销售管理提出的销售策略，以及自身对市场发展趋势的判断，全面、完整地设计出新产品上市的实施方案（价值流 4.7）。

新产品的市场导入是市场管理最重要的管理任务之一。这一任务的完成过程绝对不是市场管理闭门造车的过程，更不是一个翻版复印的过程。只有在销售管理、产品管理等相关业务板块协助的情况下，才能实现每次新产品市场推广的准确定位。这不仅与新产品自身功能和质量有关，更与企业的整体品牌形象有关。

围绕新产品上市的推广计划，除了包括推广方式、内容纲要、时间进度、区域分布等常规推广的关键要素，还涉及所推广的新产品与企业自身发展规划之间的关系。要让每次新产品上市推广计划都成为促进企业品牌力持续提升的活动。

5）研发管理的价值定义

研发管理的价值定义：根据产品设计输出，以及产品管理制作的产品推荐资料，负责从产品技术的角度，评估资料的准确性和完整性（价值流 4.4）。

在该过程中，研发管理的核心价值是保证产品管理输出的产品推荐资料符合产品的基本技术标准，既不夸大产品本身的技术性能，也不埋没产品功能的完整性。

6）财务管理的价值定义

财务管理的价值定义：根据产品设计输出，在完整核算相关费用，以及确定企业盈利空间基础上，为销售管理提供新产品的标准价格体系（价值流4.2）。

销售管理的价格策略必须遵循企业的内部结算价来制定。内部结算价是企业在考虑未来该产品的生命周期和可销售预期，分摊掉设计开发成本、制造成本、管理费用等因素之后，所确定的新产品价格体系。在该过程中，通过对财务成本的总体核算，以及对市场的整体评估，企业经营管理团队最终确定产品销售的价格体系。

【营销导入之产品市场推广过程】

1. 该过程的价值流（见图 4-5）

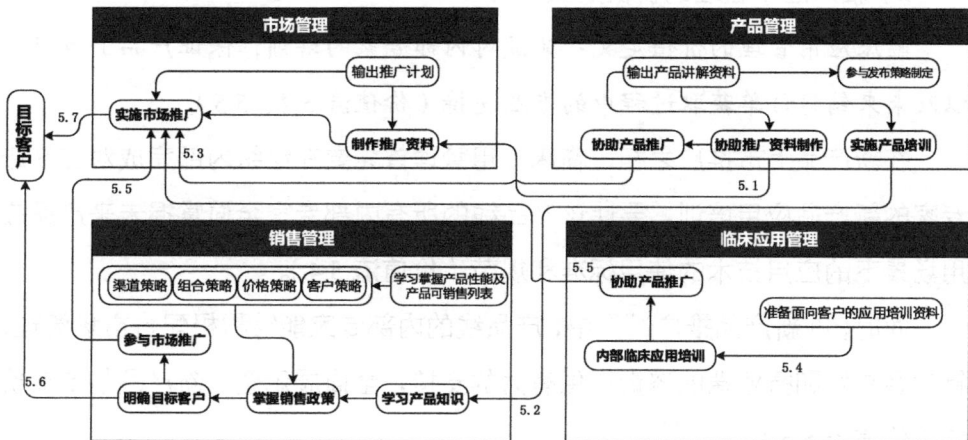

图 4-5 营销导入之产品市场推广的价值流

2. 该过程各业务板块的价值定义

1）产品管理的价值定义

产品管理的价值定义：根据产品推荐资料，全面培训销售人员，并参与新产品上市推广活动，承担关键素材制作和产品讲解的责任（价值流 5.1、5.2、5.3）。

首先，在产品宣传资料的制作过程中，产品管理是所有与新产品相关的图片、参数以及应用场景等关键推广素材的提供者，也是所有对外宣传资料的产品专业信息的审核者（价值流 5.1）。

其次，在新产品上市推广之前，产品管理要为所有销售人员提供对新产品全面认知的专业培训。尽管在未来每个订单实现的过程中都离不开产品经理的协助，但是销售人员必须对企业新产品有一个全面的认知，只有这样，才能在初次拜访客户的过程中正确说明新产品的特点和优势（价值流 5.2）。

在具体的市场活动中，产品管理要协助临床应用管理去面对行业专家和客户的咨询。专业性价值是产品管理在该过程的关键价值体现（价值流 5.3）。

2）临床应用管理的价值定义

临床应用管理的价值定义：完成对内部专家的培训，保证产品上市推广以及未来销售订单获取过程中的专业支持（价值流 5.4、5.5）。

在新产品上市推广之初，临床应用管理首先要在组织内部完成对应临床专家的新产品应用培训，要让该产品线的所有内部专家全面掌握未来产品应用场景下的应用技术的使用标准和规范（价值流 5.4）。

同时，在新产品推广过程中，产品线的内部专家能够积极配合市场管理，针对客户端和行业端的咨询提供有力的支持，全面展示企业新产品的专业价值（价值流 5.5）。

3）销售管理的价值定义

销售管理的价值定义：组织销售人员完成产品及销售政策的全面学习，准确识别目标客户，并协同市场管理完成新产品上市推广活动，为挖掘销售机会做好准备（价值流 5.5、5.6）。

企业通过对新产品上市推广前期的准备，使销售政策以及新产品的功能介绍等相关资料，都有了一个标准版本。因此，对销售人员的集中培训，使其能够对新产品的功能及性能，以及销售政策有一个全面认知，是新产品快速市场化的关键。

在学习的同时，销售人员应该有组织地对各自分管的市场做出初步评估，明确新产品的目标客户，并邀请目标客户的相关人员参与到企业市场推广的活动中（价值流 5.5）。在推广活动中，销售人员通过产品管理和临床应用管理的协助，进一步强化客户对新产品的认知，并识别出潜在销售机会（价值流 5.6）。

4）市场管理的价值定义

市场管理的价值定义：根据产品管理提供的相关专业素材，组织完成市场推广的资料准备，并实施具体的市场推广活动（价值流 5.7）。

市场推广活动的实施，是市场管理、销售管理、产品管理和临床应用管理相互协同的过程。与销售管理协同的关键是，时间顺序、区域选择；与产品管理、临床应用管理协同的关键是，推广过程中的专业介绍以及专家资源的对应。组织内部资源的协调性是决定市场推广有效性的关键。

只有通过上述三个过程、44 个管理活动的有效协同，才能保证新产品快速市场化（见图 4-6）。

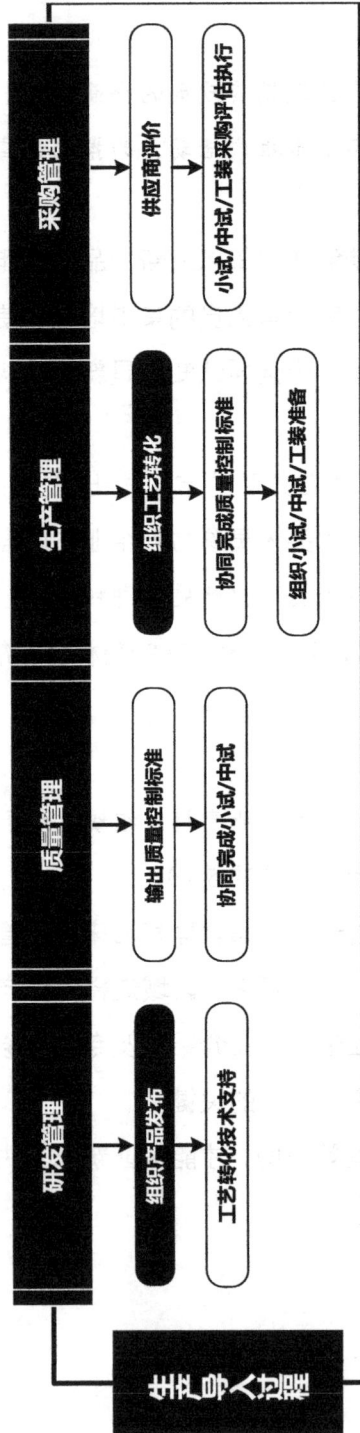

（a）生产导入过程

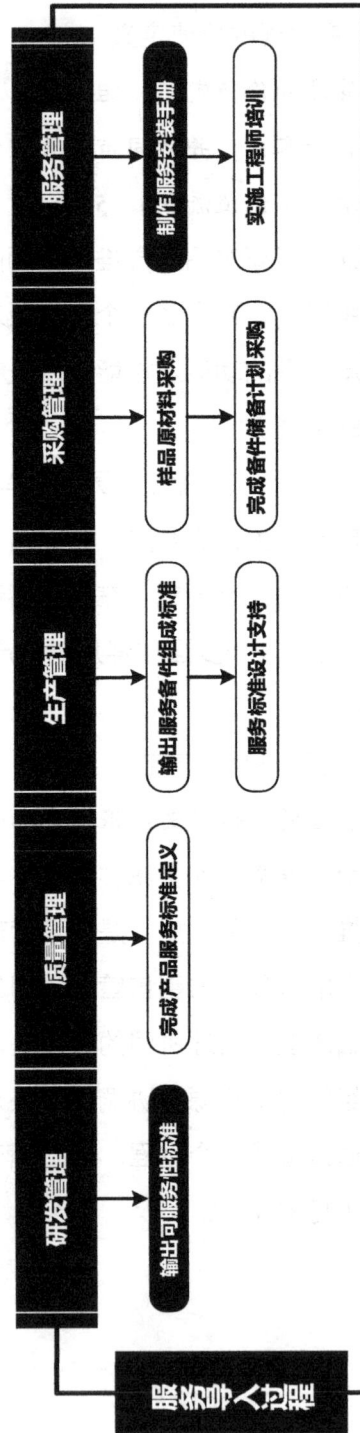

（b）服务导入过程

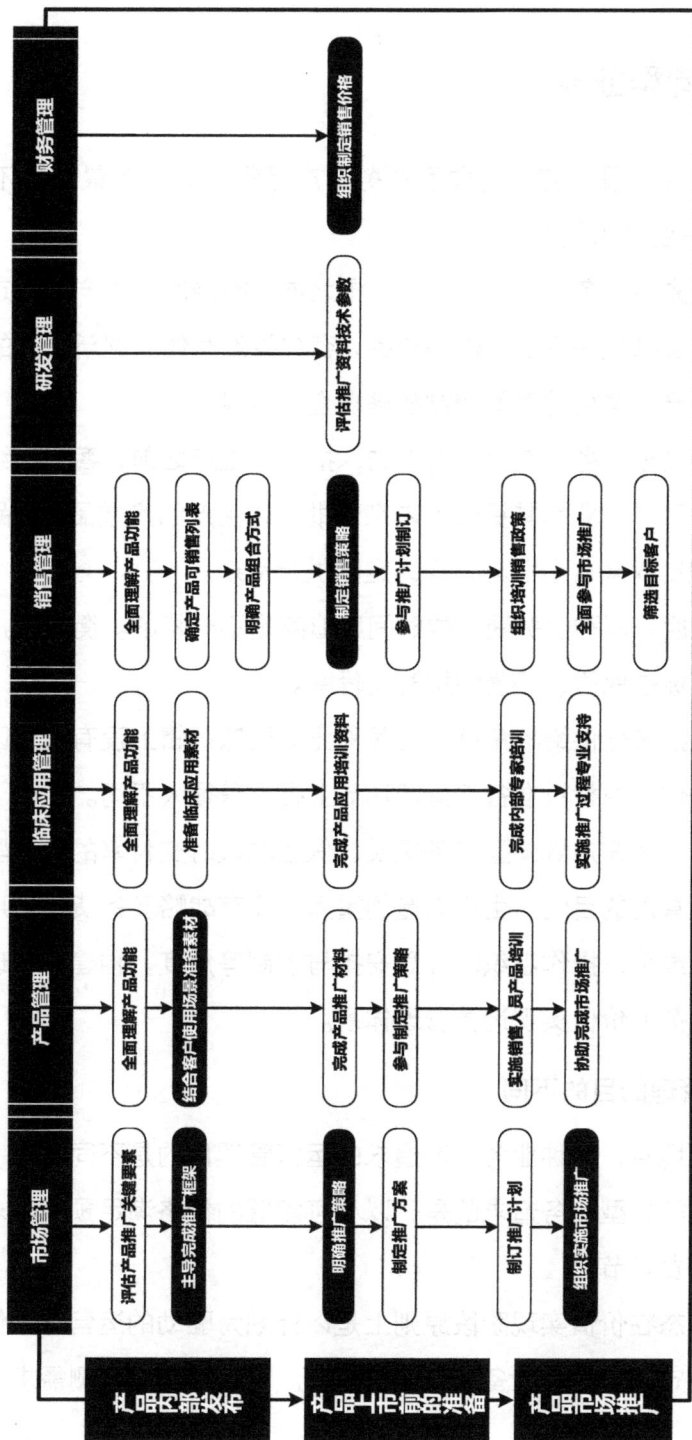

（c）营销导入过程

图 4-6　产品领先型业务的价值实现运营管理全过程（黑框中的业务活动为驱动业务活动）

客户导向型业务

在价值实现阶段，客户导向型业务与产品领先型业务最大的不同如下（以定制化产品业务为例）：

- 产品领先型业务，在产品正式上市之前，围绕产品生产的稳定性和可靠性验证都是在企业内部完成的，客户并没有体验到新产品的性能和质量。产品交付的时间控制权来自企业自身。
- 客户导向型业务，在企业尚未进入批量化生产之前，客户已经看到并评估认可了企业为其提供的未来可批量化生产的产成品。产品交付的时间控制权来自企业与客户约定的供货交期。

从这个角度，两种业务受到的时间压迫感是不一样的。衡量客户导向型业务的关键指标是保质、保量的按时交付率。

从样品到批量化供给的角度，这两种业务虽然逻辑上没有太大区别，但在量产工艺转化、原材料准备等运营环节上存在着很大不同。

总体而言，在客户导向型业务保质、保量的按时交付率的价值驱动下，企业要从运营管理的目的、生产制造的重点、库存战略及备货提前期、供应商选择与关系维系、操作组织、计划安排与控制等角度，构建并管理区别于产品领先型业务的价值实现运营管理体系。

1. 运营管理的目的不同

以终为始地看，两种业务形态追求的运营管理目的是不同的。

（1）产品领先型业务追求的是，以尽可能低的价格满足预计需求，从供应链中消除浪费环节。

该业务形态在价值实现阶段原则上是以计划为驱动的运营管理体系，计划的准确性决定了资源的准备度及额定库存。为了在满足预测需求的前提下

最大限度地降低一切过程费用，企业从原材料的供应端到生产端，再到库存端、物流端等环节，都是以最小成本为追求目标的。例如，看板管理、一个流（生产过程中的一个在制品）等精益管理手段都是典型例证。

（2）客户导向型业务追求的是，对不可预测的需求做出快速反应，使产品的库存量降至最低。

不可预测是该业务形态的最大特点。前端营销面对客户承诺的服务都会有所不同，如产品的形态、材质、质量等，但是，它们唯一的共性就是交期保障。这对于后端的价值实现管理提出了非常高的要求。

如何避免对应原材料的缺货并及时补货？如何实现产品交付节奏与客户需求节奏的同步（含物流时间）？如何避免为了满足交期而超出客户需求数量的过量生产？如何控制定制化产品的原材料的过量采购，使所带来的损失最低？这些都是该业务形态在价值实现阶段需要管理的重点。

2. 生产制造的重点不同

（1）产品领先型业务追求的是，保持设备使用率高于平均水平。

如前所述，该业务形态在价值实现阶段最重要的环节是工艺转化，其决定了产品生产线上每个制造环节的设备使用效率。现有产能最大化并高于行业的平均水平是生产制造追求的目标。评价的标准，除了常规的设备利用率，通常还会用到稼动率（设备使用效率评价的最高标准，即实际的生产能力相对于理论产能的比率）等指标，包括时间稼动率（可用率）、性能稼动率（表现指数）、良品率（质量指数）等。与此同时，在制造的过程中，如何避免大幅度降低设备的故障率、停机率等，也是该业务形态在价值实现阶段管理的重中之重。

（2）客户导向型业务追求的是，部署额外的起缓冲作用的应急生产能力。

不同的客户需求对企业的生产资源提出了较高的要求。在生产某种产品的同时接到另一种产品的订单，企业是否有足够的可调配的生产资源来应对？如果该业务形态的生产特点是流水线式的连续作业模式，那么就需要多个同样的生产线，才能应对不确定的需求；如果该业务形态的生产特点是单机操作模式，那么就需要多机、多人的配置来满足不确定的需求。不论哪种模式，都存在由于订单不足而带来的闲置，但是即使这样，也要具备应对不确定需求的能力。

在制造业，很多企业都存在大量的外包生产模式，有的选择产品整体外包，有的选择产品部分零部件外包。不论哪种外包，都需要企业在构建价值实现运营管理体系的过程中，提前做好外包供应商的评估与选择，以及相关运营环节的管控，如供应链、质量等。

例如，在中国有一个非常知名的丝网之都——安平。在这个不太大的城市里，有着上千家丝网制造商，有的甚至只有几台织网机，表面上根本称不上是一个企业。但是他们的经营确实非常不错，为什么？因为这种加工企业的核心竞争力就是，在该地区甚至在全国成为所有与丝网制造有关的上游大型企业的缓冲生产资源。他们不需要去做终端市场，只需要做好委托加工的质量产品并按时交货，就足以在这个行业内生存得很好。那些委托他们加工的上游大企业通过全面评估，将他们纳入缓冲生产资源供应商之后，只需在工艺标准、原材料供应、质量控制等环节建立完善的运营管控方式，就可以在面对不可预测需求时实现有效应对。

所以，部署额外的起缓冲作用的应急生产能力是客户导向型业务生产管理的重中之重。

3. 库存战略及备货提前期不同

（1）产品领先型业务追求的是周转快，尽可能降低库存；在不增加成本的前提下，尽可能缩短备货提前期。

库存就是现金，是企业资金的主要部分。产品领先型业务一个最重要的追求就是成为成本领先型业务。为了实现这个目标，不论是供应商的原材料库存，还是企业内部的在制品周转库存，抑或是物流环节的产成品库存，企业都希望能够降至最低。尤其是针对供应商的原材料库存，往往是通过综合计划的拉动方式（见图 4-7），提高库存周转率，降低库存，提升响应速度。

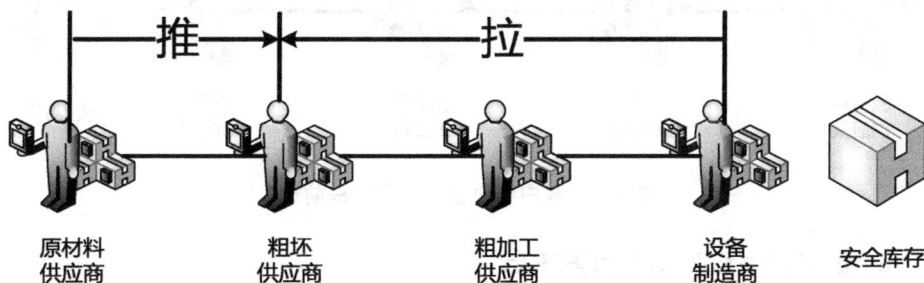

图 4-7　产品领先型业务备货提前期

如果供应商为了响应制造商的库存战略，保证在拉动的过程中实现及时的响应速度，采取提前准备相应原材料的方式，那么由此产生的成本，制造商是不愿意承担的。所以，在产品领先型业务中，库存管理永远是一个难题，被形象地比喻为"打不死的库存"。

（2）客户导向型业务追求的是调动大量的零部件缓冲库存；备货提前期是为了对需求做出反应，积极地投资在所有可能缩短提前期的措施上。

由于该业务形态存在很多不确定的需求，而且一旦订单形成，按时交付率就是一个非常重要的价值驱动因素，因此，在生产环节，缩短一切可以缩短的时间周期就是一个非常重要的管理要素。

首先，在库存的准备上，区别于产品领先型业务，不是将库存的数量降至最低，而是面对不确定的需求，将可调用的原材料品种准备得足够多。

其次，针对容易出现短缺的原材料资源，根据对以往业务的判断，通常采取提前期准备，即推拉结合的方式（见图 4-8）。由原来的原材料级别，拉升到粗坯的级别，以此来缩短原材料的采购周期。

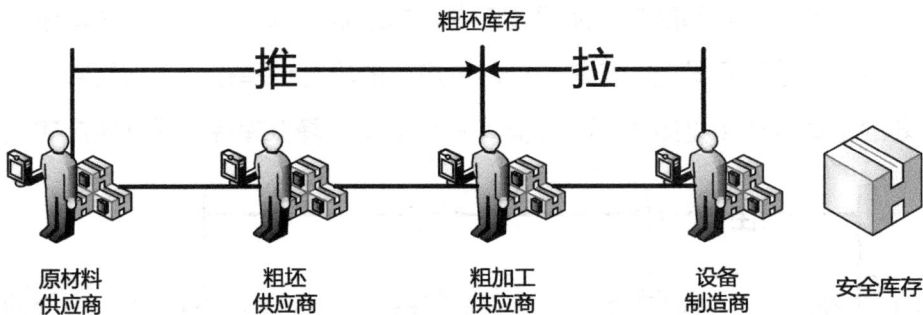

图 4-8　客户导向型业务备货提前期

4. 供应商选择与关系维系不同

（1）产品领先型业务，根据对成本和质量的考虑来选择供应商，强调长期合作伙伴关系，这种关系随着时间推移而巩固。

针对标准化产品制造来讲，供应商的稳定性是非常重要的。这种合作伙伴经过长期培养，会协同企业从产品研发开始（项目采购），跟随企业的产品迭代而持续合作，从而发展出稳定的供应关系。合作时间越长，对产品技术的理解和供应的协同就会越好，这是双方共同的追求。

（2）客户导向型业务，首先考虑速度、灵活性和质量，强调虚拟供应链，合作伙伴关系是根据新的市场机会进行重新配置的。

供应商的产品质量是两种业务形态的共同追求。但是，在满足质量的前提下，客户导向型业务更关注满足自身需求的供应商响应速度。这种速度不仅在供货的及时性方面有需求，还在不同规格、原材料材质等方面有需求，因此，虚拟供应链是该业务形态常见的选择方式。

虚拟供应链就是需求方和供应方在需求信息共享的前提下，快速搭建双方合作的模式。也许该供应方并不是以往合作的供应商，但是，只要满足需求方的需求，并能够实现在质量认定、合作评估及供货等环节的快速确认，双方就可以形成一个短时的合作模式。这种模式也许是一次，也许是长期，

但是，双方之间不一定需要签订长期的合作协议。所以，虚拟供应链解决的是需求及时性问题，而价格问题并不是敏感因素。

5. 操作组织不同

（1）产品领先型业务强调工作的标准化——每次以同样方式处理工作。

标准化产品、标准化作业、按照工艺确定的标准化生产流程，以及以综合计划为驱动的标准化生产计划，都是该业务形态操作组织的基本特点。如果出现不同，不论是产品不同还是数量不同，整个标准化的生产过程都需要停下来重新调整，包括工艺、操作规范和组织方式。

（2）客户导向型业务强调自我管理，以及对所有来自工作过程中的机遇做出迅速反应的能力。

定制化的产品、定制化的作业标准是该业务形态的主要特征。所以，即使同一个生产空间具备多个可以同时生产的流水线、工位或者设备，都可以同时生产不同的产品。每个产品都是一个独立体，相互之间没有任何工序关系。

因此，每个定制化产品在生产制造过程中都相对封闭在一个独立操作的生产组织内。

6. 计划安排与控制不同

（1）产品领先型业务强调，在计划周期内的固定时间以保护运营为核心，平衡资源分配，协调物资流动，并减少浪费。

按照综合计划的要求进行稳定、连续的生产，保证供应链上的各个环节实现对应、连续的供给，是该业务形态工作计划管理的核心目标。为了实现这个目标，生产方、内外部资源方之间的协同是该业务形态日常管理的重点。同时，持续关注如何降低运行费用和减少过程浪费。

（2）客户导向型业务强调立即对客户的需求进行解释和分析，并在瞬间做出反应。

快速应对是该业务形态的主要特点。当新客户订单出现并发出质询时，企业必须做出快速应对，无论是客户关注的需求点（产品的技术要求、标准可达成性等），还是企业后端资源的应对能力。

总之，通过对运营管理的目的、生产制造的重点、库存战略及备货提前期、供应商选择与关系维系、操作组织、计划安排与控制六个方面的全面解析，我们可以看到两种业务形态运营管理的侧重点是有很大差别的。

从运营管理的角度看，在生产制造的重点、库存战略及备货提前期、供应商选择与关系维系三个方面的挑战最大，这与产品领先型业务有着本质的区别。

当今，很多企业正在从产品领先型业务转向客户导向型业务的过程中。这两种业务形态在管理上的区别是目前很多企业管理者所要面对的最大争议点和博弈点。因为客户导向型业务对生产制造环节的要求，已经与原有的标准化产品生产的运营体系有很大不同。但是当了解这两种业务形态的属性时，企业就应该做出运营管理决策的选择。这两种业务形态在价值实现阶段的区别如图 4-9 所示。

	运营管理的目的	生产制造的重点	库存战略及备货提前期	供应商选择与关系维系	操作组织	计划安排与控制
产品领先型业务	以尽可能低的价格满足预计需求；从供应链中消除浪费环节	保持设备使用率和平均生产水平	周转快，尽可能降低库存；在不增加成本的前提下，尽可能缩短备货供货周期	根据对成本和质量的考量来选择供应商；强调长期合作伙伴关系，这种关系随时间推移而巩固	强调工作的标准化；每次以同样方式处理工作	在计划周期内的固定时间以保护"运营重心"；平衡资源分配，协调物流流动，并减少浪费
客户导向型业务	对不可预测的需求做出快速反应；使产品库存降至最低	部署额外的设备冗余以作用的应急生产能力	调动大量的零部件缓冲库存；备件网络部署是为了对需求做出反应，无论出现在现有所有可能阶段通过网络配置上	首先考虑速度、灵活性和质量，强调敏捷以快速应对；合作伙伴关系是根据最新的市场机会进行调整和配置的	强调自我管理，以及对所有来自工作过程中的机遇做出迅速反应的能力	强调立即对客户的需求进行识别和分析，并在瞬间做出反应

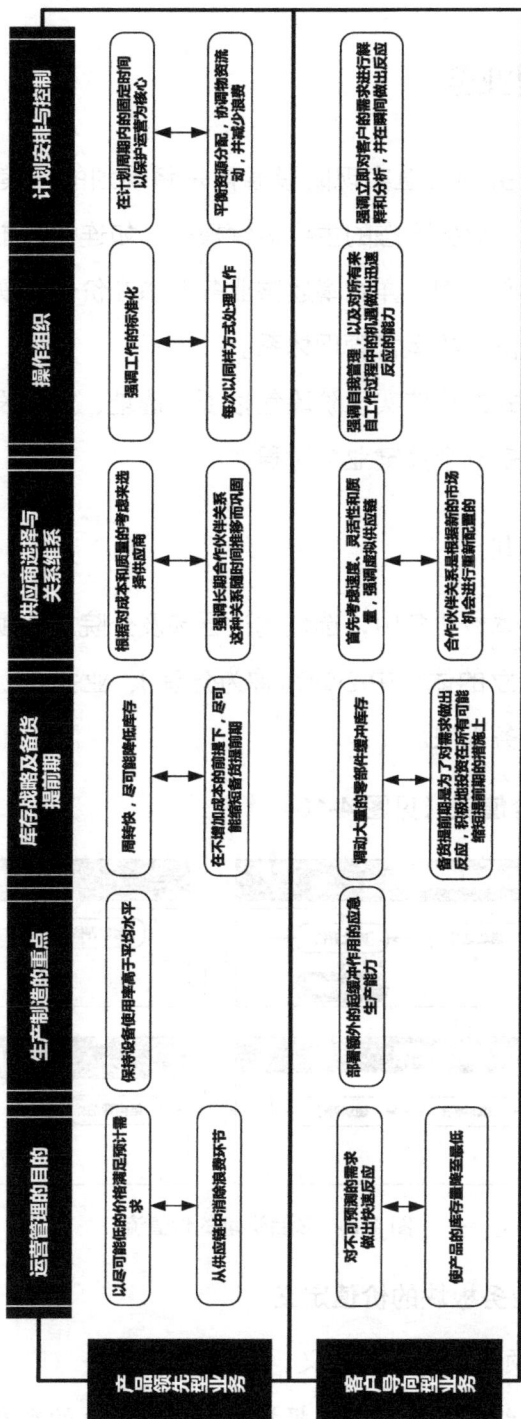

图 4-9　产品领先型业务和客户导向型业务在价值实现阶段的区别

快速反应型业务

快速反应型业务的价值实现阶段通常是将规划的方案在现实中实现的过程。连锁方式是该业务形态的主要运营模式，如连锁超市、服务站等。本节仍以健康体检中心为例，详细阐述该业务形态在价值实现阶段各个业务板块的价值体现以及协同的运营管理体系。

通常，连锁方式的价值实现阶段包括项目选址、方案设计、项目招标、工程施工、开业准备五个关键业务过程。

【过程一　项目选址】

通常，在健康体检业务中，选址的过程涉及分院筹建项目组（在健康体检业务中，一个独立的体检中心通常称为分院）、业务规划管理、医质管理和项目管理四个业务板块。

1. 该过程的价值流（见图 4-10）

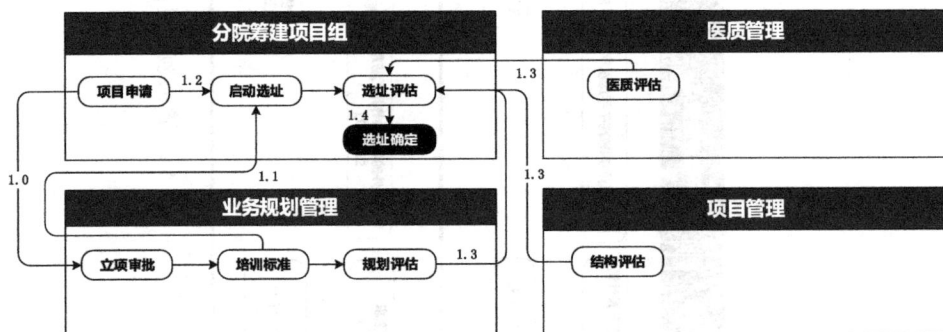

图 4-10　项目选址的价值流

2. 该过程各业务板块的价值定义

1）分院筹建项目组的价值定义

分院筹建项目组的价值定义：根据区域业务发展的需求，负责提出筹建

体检中心的项目申请，并主导区域范围内的选址工作，协同上级主管部门完成对选址方案的评估（价值流 1.0、1.2、1.4）。

从连锁业务发展的角度来看，一般有两种方式并存：一是，根据企业整体业务规划，以及区域化业务布局的策略，采取自主建设的方式。该方式对企业最大的挑战是投入资金和业务布局的时间周期。二是，为快速形成规模，引导有意愿的合作者以加盟的方式实现业务快速发展。不论选择哪种方式，在项目启动之前，分院筹建项目组必须根据区域的发展需求，以及对业务的理解，拿出一个相对翔实的项目申请，其中包括区域竞争的分析和未来盈亏平衡的分析（价值流 1.0）。

在上级主管部门审批之后，分院筹建项目组要根据企业连锁分院的建设标准，了解选址的注意事项，并启动选址（价值流 1.2）。

在选址的过程中，需要注意如下几个关键点：

（1）地理位置及交通状况，包括离市中心、政府机关、专业医疗机构的距离，以及交通的便利性、停车的便利性、周边居民的居住规模，以及与竞争对手门店的距离等关键信息。

（2）房屋结构及相关事项，包括房屋证照、消防设施、结构检测合格、房屋面积、楼层分布、电梯配置、承重条件及配电环境（未来设备安装需要）等关键要素的完整信息。

在选址的过程中，分院筹建项目组的核心价值是将区域市场选址的相关信息完整地、真实地、准确地反馈给主管部门。

2）业务规划管理的价值定义

业务规划管理的价值定义：依据企业整体业务规划和发展布局，负责审批、指导分院筹建项目组的选址工作，保证选址的科学性、合规性及合理性，并组织完成选址的评估（价值流 1.1、1.3）。

业务规划管理在企业整体业务发展的过程中，要根据企业的年度计划，匹配区域的开店计划。在此基础上，针对不同区域的申请，对区域规划与整体计划的匹配度、区域市场的竞争性分析、规划面积及选址合理性等做出对应的判断。

在选址的过程中，需要注意如下几个关键点：

（1）发展布局以及盈亏分析，要根据分院筹建项目组的申报材料，评估区域市场的发展潜力，以及未来新店选址的规模与盈利之间的关系。这是启动选址之前，必须明确的关键要素（价值流 1.0）。

（2）全面、准确地培训分院筹建项目组，形成对企业新店选址基本标准的认知，防止出现不必要的信息遗漏，以及评估要素的缺失。

（3）关注可服务半径的概念，这涉及分院筹建项目组在选址过程中面向未来可服务人群的辐射范围。简单地讲，就是客户来体验我们服务的路途时间的合理性，以及可服务人群相对数量的可信度（价值流 1.3）。同时，要避免企业内部同类业务距离过近所带来的内部竞争问题。

（4）关注竞争性评估，根据分院筹建项目组提出的选址建议，评估周边竞争对手的业务布局和竞争趋势，以及与我们业务的差异。

除了上述几个关键点之外，在分院筹建项目组选址评估的过程中，业务规划管理起到了主导作用，是协同各方资源对选址的准确性进行评估的组织者。

3）项目管理的价值定义

项目管理的价值定义：根据分院筹建项目组提出的选址意见，按照未来装修标准的基本要求进行选址结构以及相关配套设施的符合性评估，保证项目启动之后的安全性和可实施性（价值流 1.3）。

项目管理是引导项目整体实施进程及标准落地的重要业务板块。

在选址的过程中，需要注意如下几个关键点：

（1）结构的安全性评估，除了租赁房屋的消防、建筑检测结果、可拆改

性的评估，还要特别关注房屋承重的评估，因为健康体检中心需要配置大型医疗设备。如果由于房屋结构的特殊性，大型医疗设备必须安装在二楼以上的空间，那么对房屋承重性的要求就非常高；同时，还要关注房屋的配电条件，是否满足用电量的扩容（预估电量的承载）等。

（2）结构的合理性评估，根据区域提供的选址建议，项目管理要充分论证房屋结构的合理性。因为在价值创建阶段，项目管理参与制定了服务空间规划，尤其是服务动线的设计方案直接影响了对租赁房屋结构的要求。如果房屋结构存在过多的不合理性，那么未来的改造费用就会增加，装修的时间周期就会拉长。

4）医质管理的价值定义

医质管理的价值定义：根据医疗行业的管理规范，负责评估选址环境的符合性要求，保证未来业务运营的规范性和合规性（价值流 1.3）。

根据医疗行业的管理规范，医质管理需要从未来业务运营与周边居民环境、学校及幼儿园的安全距离等角度进行专业化评估。同时，还要依据行业管理的相关要求，如院感管理，对租赁房产的内部结构、医疗动线合理性、科室通道宽度、垃圾排放等要素进行全面的专业化评估，保证未来空间规划和运营管理的科学性和规范性。

选址的成败决定了该业务形态的成败。因此，即使在有前期规划标准的前提下，也要针对现实情况做更多的评估，只有这样才能保证未来业务运营的合理性。

选址任务完成的最终标志是，与房屋出租方完成租赁合同的签订。在这个过程中，分院筹建项目组要完成租赁合同的签订，以及分院经营的相关手续，如行业特殊的大型影像设备的配置许可、企业的财务管理和法务管理，以及协助完成合同的成本审核和合同条款审核。

【过程二 方案设计】

在选址确定之后，根据现实的环境布局进行具体的方案设计，并最终确定未来的装修方案，是方案设计的主要任务。

1. 该过程的价值流（见图 4-11）

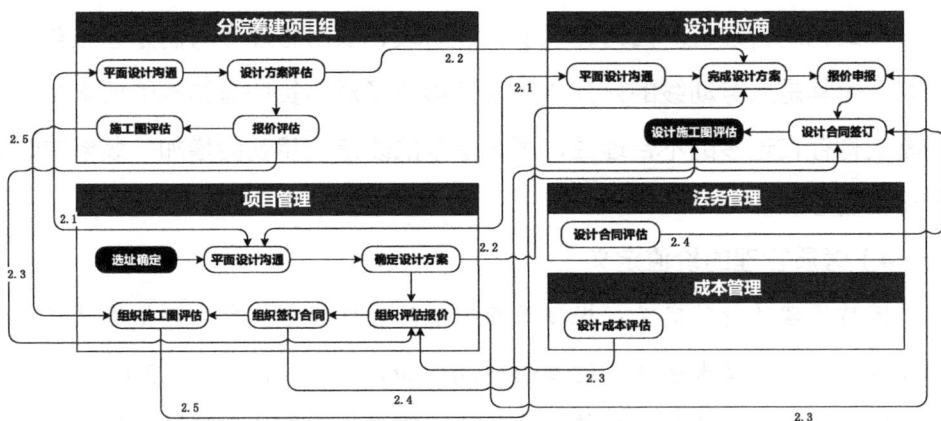

图 4-11 方案设计的价值流

2. 该过程各业务板块的价值定义

1）项目管理的价值定义

项目管理的价值定义：根据选址的具体情况，组织与外部设计供应商进行对接，确定具体的设计需求，并组织完成设计方案的评估以及报价评估（价值流 2.1、2.2、2.3、2.4、2.5）。

项目管理是选址确定之后，组织项目设计、实施、交付的主导业务板块。

首先，根据选址的具体情况，以及空间规划要求，协同外部设计供应商，以及内部分院筹建项目组，就具体的设计需求及环境情况进行详细的沟通，并最终确定设计需求（价值流 2.1）。在该过程中，项目管理需要特别注意的是，要尽可能多地复用在价值创建阶段已经完成的模块化方案，以提升方案设计的时效性及准确性。

其次，在设计供应商完成设计方案之后，组织相关部门进行设计评估，主要从功能布局、行业管理要求、设备安装要求，以及涉及的相关因素等方面进行合理性、可实施性的评估，最终完成设计方案的输出（价值流 2.2）。

再次，根据设计供应商的设计方案报价，组织分院筹建项目组、法务管理和成本管理完成对整体设计方案的报价评估，并签订设计合同（价值流 2.3、2.4）。

最后，根据施工合同的约定，组织分院筹建项目组，最终完成对施工图的设计评估，为接下来的施工招标做好前期准备（价值流 2.5）。

2）分院筹建项目组的价值定义

分院筹建项目组的价值定义：根据已租房屋的情况，全面参与项目管理组织的外部设计供应商的设计方案评估以及施工图评估，了解项目实施的时间计划（价值流 2.1、2.2、2.3、2.5）。

在方案设计的过程中，分院筹建项目组要全程参与设计方案及施工成本的评估。

首先，在方案设计的过程中，分院筹建项目组的关键价值是，真实地反映未来租赁空间的具体情况，以及未来业务规划的功能需求等相关信息，保证设计方案的合理性（价值流 2.1、2.2）。

其次，在施工图及实施计划的评估中，要清楚未来施工过程中涉及的本地化相关事宜，如施工许可、消防验收、房租配合等，保证施工计划的顺利进行（价值流 2.3、2.5）。

3）法务管理的价值定义

法务管理的价值定义：根据企业管理要求，以及法务管理的规范性，全面参与项目管理组织的施工外包合同评估（价值流 2.4）。

在该过程中，法务管理的重要价值是规避可能存在风险，同时，依据企业业务的特点详细审核双方约定的相关条款，保证双方利益得到有效保护

（价值流 2.4）。

4）成本管理的价值定义

成本管理的价值定义：根据项目成本管理的标准，负责项目设计外包成本评估，保证项目设计成本占项目总成本比例的合理性（价值流 2.3）。

项目总成本包括项目设计成本、施工成本，以及相关设施设备的投入成本。通常，一个标准化项目的总成本的构成比例是有一定标准的。成本管理在评估过程中，既要考虑当下明确的成本，如房屋租赁费用，也要考虑未来项目实施过程中可能存在的变动比例（价值流 2.3）。

方案设计是决定业务投入总成本的关键业务过程。所有设计合理性的评估，总体而言都基于两个关键点：一是项目规划过程输出的基本标准是项目设计过程的关键参照标准；二是选址决定的空间基础。因此，与设计供应商的需求确定以及设计评审是该过程的关键任务。项目筹建方以及企业项目主管部门工作的完善性和精准性，是决定未来项目建设的重要基础。

【过程三　项目招标】

项目招标是在前期方案设计的基础上进行未来项目施工方的招标组织过程。通常，企业都有长期合作的外部施工供应商，但是由于每个项目都存在不同程度的差异，因此项目招标是必须经历的过程。

1. 该过程的价值流（见图 4-12）

2. 该过程各业务板块的价值定义

1）项目管理的价值定义

项目管理的价值定义：项目管理在该过程中仍起着主导作用，基于设计方案组织实施现场考察及施工招投标工作（价值流 3.0、3.1、3.2、3.3、3.4）。

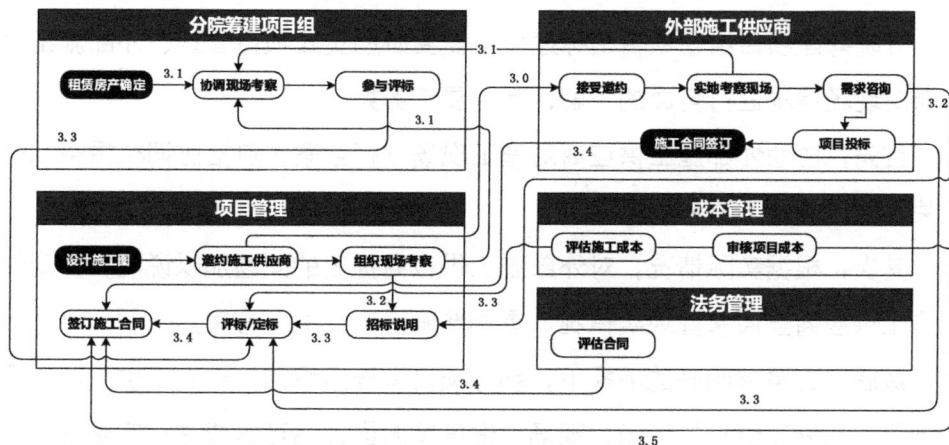

图 4-12　项目招标的价值流

首先，根据设计方案进行外部施工供应商的邀约，参与该项目的建设。通常，针对连锁方式这种业务模式，企业一定要有长期合作的施工供应商，且施工供应商的业务范畴及人员配置，要与企业的业务布局相匹配。

其次，要协同分院筹建项目组组织外部施工供应商完成项目考察，并准备前期设计方案，以便外部施工供应商能够基于现场和设计方案进行全面的施工评估（价值流 3.1）。

再次，在现场考察的基础上，项目管理还要针对未来该项目的施工要求等问题，向外部施工供应商做出全面的介绍，同时回复外部施工供应商在考察之后提出的疑问，最终形成双方确定的施工范围及标准（价值流 3.2）。

最后，组织完成外部施工供应商的投标评估，包括施工进程、总体成本以及施工相关事项，最终确定项目的外部施工供应商，完成合同的签订（价值流 3.3、3.4）。

2）分院筹建项目组的价值定义

分院筹建项目组的价值定义：根据企业招标要求，协同完成外部施工供应商的现场考察，并参与供应商投标评估，全面掌握未来施工的实施进度以及交付质量承诺情况（价值流 3.1、3.3）。

分院筹建项目组在项目招标过程中需要协助企业项目管理、外部施工供应商对现场情况进行全面的了解，其主要任务如下：

首先，协助外部施工供应商对施工现场进行勘察，包括协调租赁空间的相关辅助设施的考察和现场验证。

其次，根据实际情况，对外部施工供应商提出的问题加以说明，协助外部施工供应商全面掌握现实情况，更加准确地规划施工方案。

最后，在需求明确的前提下，参与项目管理组织的外部施工供应商的评标会议，从施工过程的组织、现场、进度等方面评估可达成性和完整性（价值流3.4）。

分院筹建项目组是在未来的施工过程中与外部施工供应商密切协作的责任主体。因此，在选择外部施工供应商的过程中必须全面参与，避免在未来施工过程中相互之间协作性的缺失。

3）成本管理的价值定义

成本管理的价值定义：根据外部施工供应商的项目报价，对照项目规划的成本结构与比例，以及市场价格走势，完成对外部施工供应商项目总成本的评估（价值流3.3、3.5）。

在项目招标的过程中，成本管理除了要清楚项目规划过程中各项成本的相对比例，还要密切关注材料市场以及工时费用的整体趋势，以便在项目成本评估过程中体现其专业价值。

在评标的过程中，成本管理关注的是施工成本报价的合理性，包括工作量、工时、单价等关键要素（价值流3.3）；在合同评审的过程中，成本管理关注的是报价前后的一致性、工作量变更的原则，以及施工费用占项目总成本比例的合理性（价值流3.5）。

4）法务管理的价值定义

法务管理的价值定义：根据企业施工合同管理的有关规定，全面评估施

工合同的规范性和合理性，为维护双方的权益起到法律监督的作用（价值流 3.5）。

不论是行业的管理规范，还是企业的管理规范，法务管理都要从遵守法律规定、维护双方权益的角度出发，全面审核合同；尤其是针对不可预测的情况，能够依据合同管理的有关规定，明确双方权益，保证各自的利益不受侵害。

【过程四　工程施工】

在方案设计和项目招标结束之后，企业开始进入全面的工程施工过程。该过程主要有两个价值流在同时运作：一是工程施工的价值流；二是前期相关资源准备的价值流，即围绕设备需求、信息化配置方案、人员招聘的企业内部协同的价值流。

1．工程施工的价值流（见图 4-13）

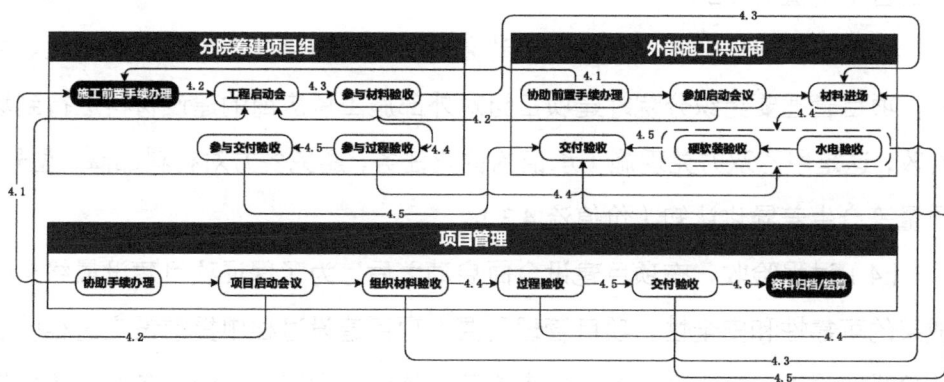

图 4-13　工程施工的价值流

1）项目管理的价值定义

项目管理的价值定义：根据设计方案以及施工合同，全面组织、协调分院筹建项目组以及施工单位，保证项目建设的顺利进行，以及保质、保量地按时交付（价值流4.1、4.2、4.3、4.4、4.5、4.6）。

项目管理在项目建设过程中起着主导作用，通过项目建设的施工前置手续办理、项目启动会议、组织材料验收、过程验收、交付验收、资料归档/结算六个关键业务过程，实现各方资源的有效协同。

（1）施工前置手续办理，是工程施工的关键业务过程，也是决定工程是否能够按期启动的前提。这涉及房主（如果是租赁房产）、当地的主管部门（消防等）、分院筹建项目组，以及施工单位等多方的协同配合。通常，项目管理要按照业务属性提供完整的施工前置手续办理清单，并指导分院筹建项目组及外部施工供应商申报相关资料（价值流4.1）。

（2）项目启动会议，是整个施工项目各利益关系人明确施工标准的重要会议。其中包括对施工现场以及交付成果的核准，以及施工过程中各方责任的明确。同时，对时间、质量以及硬装、软装、设备、软件等不同施工范围相互协同的要求，进行全面的明确，保证项目建设过程中施工单位之间的密切配合（价值流4.2）。

（3）组织材料验收，在项目启动会议之后，项目进入全面建设过程。首先，项目管理要组织分院筹建项目组对外部施工供应商的建设材料进行到场验收，这是甲乙双方兑现施工承诺的首要任务，避免各方对材料品牌、型号、质量等产生差异化认知（价值流4.3）。

（4）过程验收，在项目建设全面启动之后，为了保证项目建设最终交付成果的可靠性和安全性，项目管理需要在项目建设过程中提前设定过程验收的阶段里程碑，如土建改造、水电施工、软装、网络等关键业务过程（价值流4.4）。

（5）交付验收，按照项目建设的整体计划，在施工方完成项目建设之后，项目管理要组织分院筹建项目组以及外部施工供应商进行全面的验收。项目管理要根据业务属性，按照设计方案及施工方案明确验收标准和流程，保证

项目建设结果评估的有效性，最终组织完成外部施工供应商与分院筹建项目组之间的现场交接（价值流 4.5）。

资料归档/结算，在项目交接结束之后，项目管理要对项目建设的所有资料进行梳理并归档，其中规划设计方案、施工图、过程变更单、验收单等关键资料需要得到各方的最后确认，并以此作为项目结算的依据（价值流 4.6）。

2）分院筹建项目组的价值定义

分院筹建项目组的价值定义：根据企业项目管理的有关规定，全面负责当地施工前置手续办理，并在项目建设过程中，实现与施工方及项目管理之间的密切配合，保证项目建设的顺利进行（价值流 4.2、4.3、4.4、4.5）。

分院筹建项目组在工程施工过程中是项目管理与外部施工供应商之间连接的纽带，是发现问题和解决问题的重要协调者。在材料验收、过程验收、整体验收等过程中，分院筹建项目组代表企业与外部施工供应商进行现场事务的协调与组织；针对一些特殊情况，如工程变更、重大问题等，需要与企业的项目管理进行及时沟通。

2. 前期相关资源准备的价值流（见图 4-14）

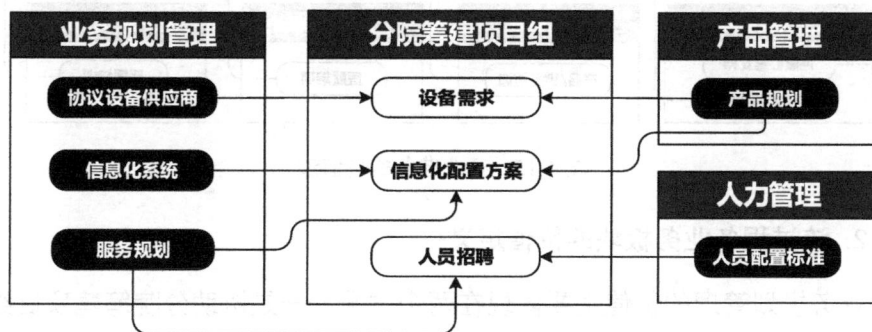

图 4-14　前期相关资源准备的价值流

在工程施工的过程中，同步进行的还有分院筹建项目组的其他前期准备，如设备需求、信息化配置方案和人员招聘等。这些方面的需求（除了人员招聘）原则上不需要分院筹建项目组自身来寻找资源，通常是在前期业务规划过程中（价值创建阶段）就已经提供了可利用的资源，并以此作为分院筹建设备设施、系统采购需求的依据。

针对人员招聘，分院筹建项目组需要按照前期业务规划过程中的服务规划、产品规划，进行人员资质的识别，以及对应人员的招聘准备。

由此可以看出，业务规划过程的完备性提升了分院筹建过程的效率。

【过程五　开业准备】

开业准备是分院筹建项目组在项目筹备过程中最后一个关键业务过程。在该过程中，除了要完成营业证照办理，其余最重要的一个词就是培训，包括产品/服务培训、医质培训、设施/设备使用培训、信息化使用培训等。

1. 该过程的价值流（见图 4-15）

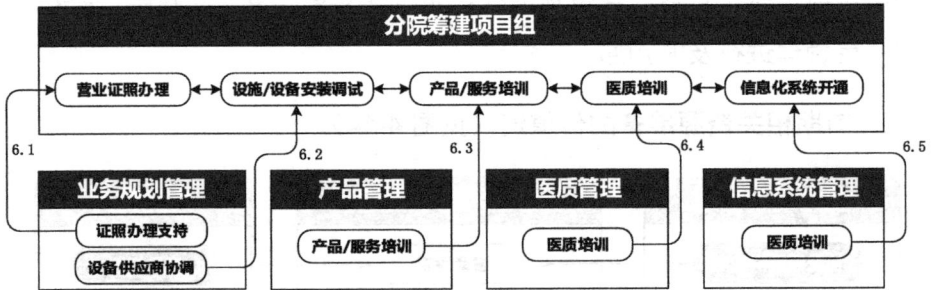

图 4-15　开业准备的价值流

2. 该过程各业务板块的价值定义

业务规划管理的价值主要体现在两个方面：一是协助分院筹建项目组完成营业证照的办理，使分院能够按照时间进度获得正式运营的资质条件（价值流 6.1）；二是围绕设施/设备的安装服务，协调供应商按时实施设施/设备安装、使用培训和临床培训，保证员工按照产品和服务规范正确使用（价值流 6.2）。

　　产品管理的价值重点体现在业务规划过程中定义的产品和服务标准，针对新建分院区域市场的特点及需求，进行有针对性、适当的调整（原则上只减不增），并实施标准培训（价值流 6.3）。

　　医质管理的价值是针对定义的产品和服务标准，结合行业管理标准，进行服务标准的培训，保证业务运营符合行业管理的规范（价值流 6.4）。

　　信息系统管理的价值是将企业规范的信息化系统在新分院进行上线，并实施相关培训，保证业务运行信息流的畅通（价值流 6.5）。

　　通过对快速反应型业务价值实现阶段的全面梳理（各业务板块的价值见图 4-16），可以看到标准化管理的可复制性是该业务形态的关键属性。尽管在具体的环境中还会存在一定的差距，但是所有前期规划的内涵在现实环境中的复用率越高，业务的稳定性和可控性就越强。所以，该业务形态如果要追求管理效率的提升，就必须投入大量的资源，在价值创建阶段将服务、产品以及空间标准进行完整规划和设计。

本章小结

　　价值实现阶段是将企业价值创建阶段输出的价值真正变成客户体验价值的过程。三种不同的业务形态在该阶段管理的重点概括如下：

- 产品领先型业务，是以工艺转化管理为驱动的运营管理体系。
- 客户导向型业务，是以资源准备差异化管理为驱动的运营管理体系。
- 快速反应型业务，是以标准化管理为驱动的运营管理体系。

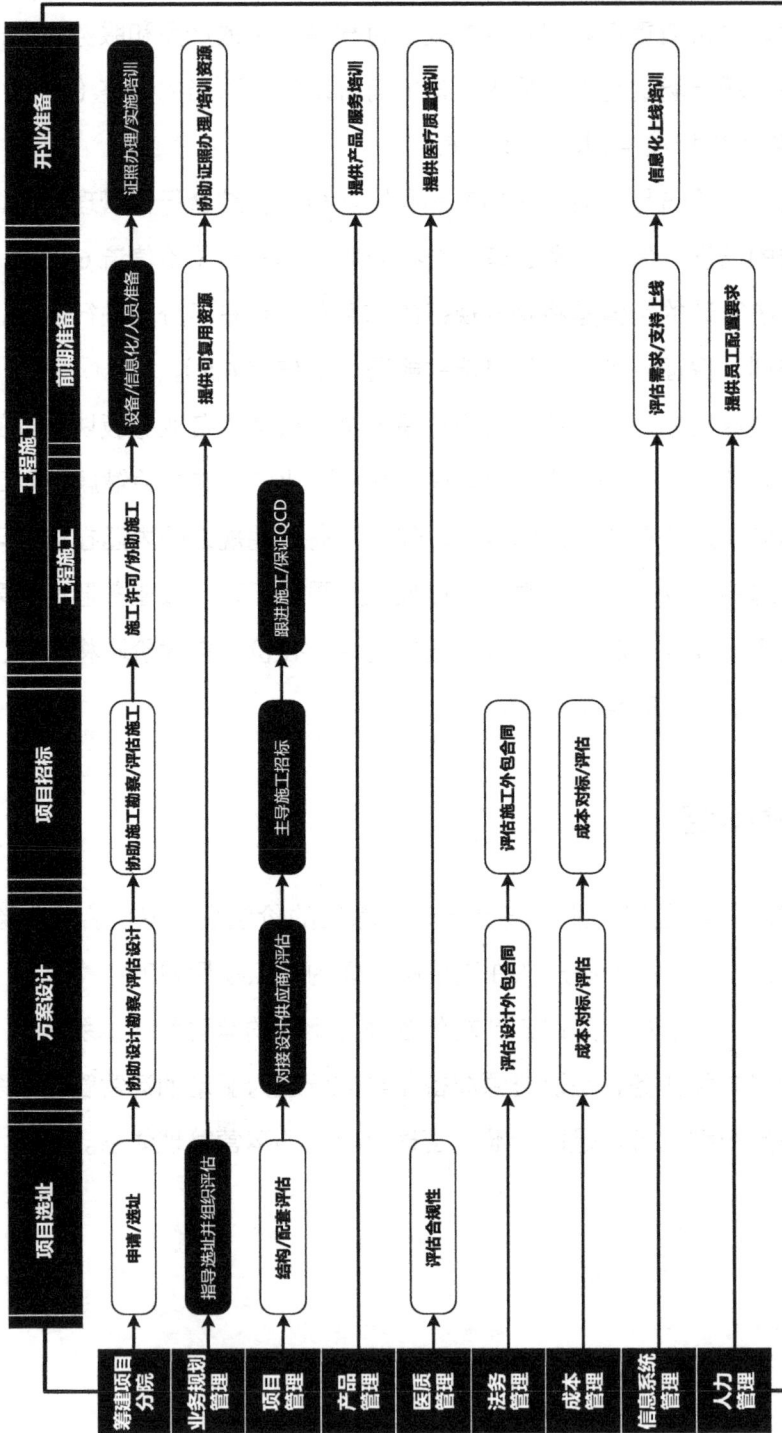

图 4-16 快速反应型业务价值实现运营管理全过程（黑框中的业务活动为驱动业务活动）

第 **5** 章

构建并定义价值传播
运营管理体系及业务价值

价值传播就是熟知的营销管理。

营销是指企业发现或挖掘准消费者需求，从整体氛围的营造以及自身产品形态的营造等方面去推广和销售产品。营销主要是深挖产品的内涵，切合准消费者的需求，从而让消费者深刻了解该产品，进而产生购买的行为。从上述定义不难看出，对挖掘需求、营造氛围、销售过程三个方面的管理是营销管理的核心基础。

研究营销管理，我们先从企业成功能量图[①]说起（见图5-1）。

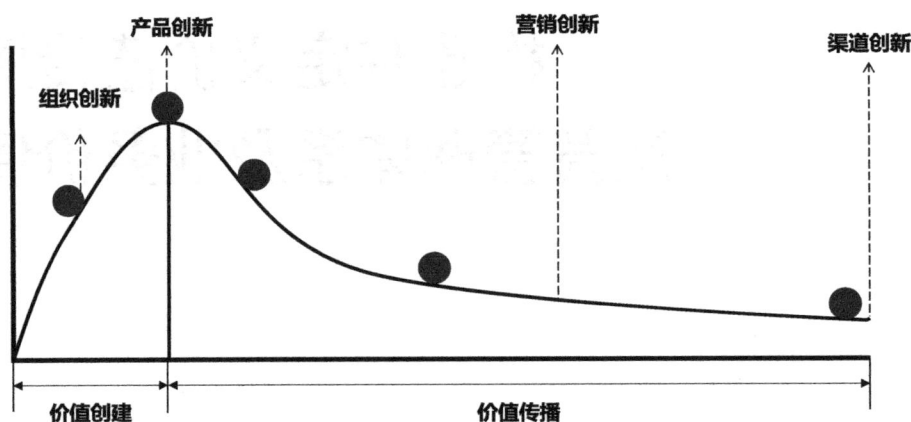

图 5-1　企业成功能量图

想象一下，一个人正在推着巨石上山。做产品就是把这块千钧之石推上万仞之巅，获得尽可能大的势能，然后在最高点一把推下去，用营销和渠道减小阻力，把势能转化为最大的动能，获得尽可能深远的用户覆盖，这就是企业能量模型。

理解这个概念之后，管理者应该明白，要把企业做好，就要做三件事情：

第一，把产品这块巨石推得越高越好。产品的创意、独特性和品质，或者说它积蓄的势能，决定了它可以达到的最高销售量级。没有势能的产品是

———————————

① 刘润的"五分钟商学院"。

卖不出去的，就算能卖几件，卖的也不是产品，而是人情。所以，价值创建和价值实现的过程是决定企业产品势能的过程。

第二，人在山顶一推，巨石开始下滑，势能转化为动能。营销就是用来减小下滑阻力的。广告、公关、线下活动、热点营销、加入行业协会、获得各种奖项等，都是为了提高消费者对产品的优先选择概率。

第三，巨石开始水平滚动。这个时候，需要用渠道继续减小阻力。企业通过大量布设渠道的方式，比如线上、线下、电话、互联网、上门推销，甚至去田间地头走访，激起消费者的购买欲望，从而使产品触手可及。在产品、营销、渠道这三件事情中哪一件最重要？这个问题本身是有问题的，应这样问：在这三件事情中，对不同的企业哪一件最重要？在什么阶段更重要？

根本问题是产品势能问题。产品不足，营销补；营销不足，渠道补，最后只好陪客户喝酒、吃饭、靠关系，但产品还是卖不出去。喝酒、吃饭、靠关系都卖不出去的东西，互联网也帮不上什么大忙。对企业成功能量图不偏不倚的自我认知，非常重要。弱肉必须知道自己弱在哪里，才能变强。

企业成功能量图强调的是产品创建的势能，但并没有全面否定营销管理的价值。营销管理仍是企业全面运营管理体系中不可或缺的一部分，是一个由诸多管理要素组成的综合管理体系。

通常，产品领先型业务、客户导向型业务和快速反应型业务这三种业务形态的营销管理具有相似性。一个完整的营销管理运营管理体系包含营销战略、营销规划、营销策略、销售执行等诸多管理要素。

营销战略管理

营销战略管理是企业战略管理重要的组成部分，是基于企业业务定位以及产品服务规划进行营销整体规划的管理过程（见图 5-2）。

企业战略规划	营销战略管理	产品/服务规划
业务定位/规划	聚焦目标客户　营销规划　决策流程	产品/服务ROADMAP

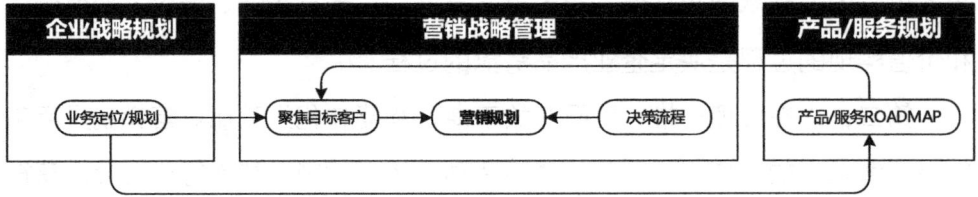

图 5-2　营销战略管理的价值流

它是一个流程。它是根据企业战略方向的指引，提供一个优化营销策略的管理流程。该流程的核心价值是利用平衡计分卡的逻辑，阶段性地评估营销管理有效性的过程；是支撑企业有效保持市场地位的管理过程；更是在企业内部各级管理者对营销规划形成统一认知的管理过程。

它是对企业战略的深度理解。营销战略管理必须是在全面理解企业愿景和使命的前提下，基于客户与品牌的定位，进行全面管理的过程。

它是对客户深度解读的结果。企业能够证明，依据企业战略规划，成长市场领域的开拓成果，以及竞争市场的抢占份额得以实现。这是营销管理体系价值体现的关键评价要素，也是保证营销管理的升级速度，符合企业战略规划的要求。实现这一目标要基于企业强大的营销信息管理，即具备一个能够支撑企业战略目标实现的营销信息库。该信息库能够研究最终客户/潜在客户、直接客户以及相关者，以便发掘重要的需求，以此来指导企业的品牌定位以及营销策略的有效调整；能够帮助企业有效识别改变市场趋势/结构、技术，规则和环境的相关信息，以此来评估企业的整体业务规划；能够识别出机会的风险和差距，以此帮助企业确定未来战略调整的优先顺序。

它是营销资源分配的引导者。营销战略的实现是一个资源持续投入并不断成熟的过程。所有资源分配的原则取决于企业整体营销战略的决策结果，包括资源准备度、投入的优先顺序、近期与长远布局、绩效评价的标准等。

营销规划管理

营销规划是基于营销战略定义的阶段性营销管理任务的优先顺序设计。

首先，做好营销规划必须清晰定义对标企业。对标企业可以是同行业的标杆企业，也可以是行业内同一水平的企业，关键是要看企业自身的发展定位。

其次，规划管理必须是一个标准化流程。营销规划必须与企业的相关业务规划同步设计、同步实施。企业内部资源匹配的相关性和关联性，是营销规划有效实现的重要前提。

最后，营销规划必须是基于企业产品/服务全生命周期的系统化管理过程，绝对不是某个时段的关键要素组合。营销规划要从产品导入、销售成长、销售平台期以及产品退出等重要环节，进行全面的目标设计和管理手段的设计。

要想做好一个完整、有效的营销规划，必须从三个基本点出发，即市场情报管理、目标管理、组织管理。

1. 营销规划管理的价值流（见图 5-3）

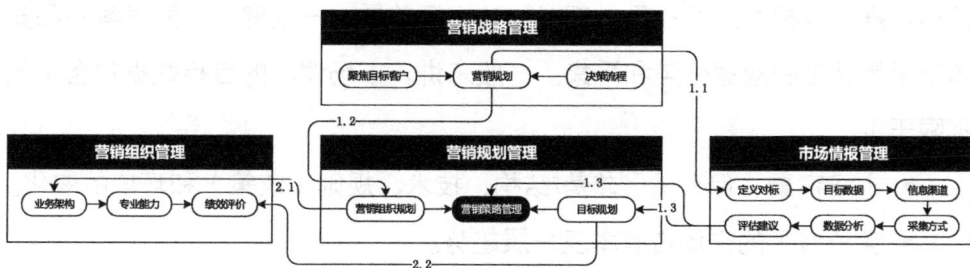

图 5-3　营销规划管理的价值流

2. 该过程各业务板块的价值定义

1）市场情报管理的价值定义

市场情报管理的价值定义：根据企业营销规划定义的目标市场、目标客户，以及对标的竞争对手，通过科学有效的方法，完成市场情报的搜集与反馈，为企业制定阶段性的营销目标及营销策略提供重要的参考数据（价值流1.1、1.3）。

市场情报管理是指贯穿于市场活动的始终，影响市场机会及市场交换的机构和环境的有关数据、事实和理念的组成信息。市场情报管理的科学性和严谨性决定着市场情报的价值。市场情报和科技情报一样，必须遵循科学的轨道，建立一套规范的工作秩序和管理方法。通常，市场情报管理要从定义对标、目标数据、信息渠道、采集方式、数据分析和评估建议六个方面进行全面管理。

（1）定义对标，确定对标企业是市场情报管理的首要前提。因为不论哪种产品和服务，不论什么样的消费群体，都有着不同的竞争分层。对标企业选择的错误，将直接影响企业情报的准确性，以及以此为参照所带来的一切决定。

（2）目标数据，是市场调研的关键驱动要素。尽管每个行业都有自身的目标数据，但相同之处在于，都以关注市场总量、一级客户、关键客户和竞争对手为基础的数据分类和采集。一般来讲，市场调研的目标数据包含（但不限于）：

- 市场容量、保有量、趋势/结构、技术、规则（政策）和环境的变化。
- 竞争对手的市场占有率及发展趋势。
- 企业与竞争对手的品牌，在客户层面的认知信息（品牌知名度、品牌认知度、品牌忠诚度）。
- 客户画像，包括一级客户、关键客户、潜在客户等。

- 连接客户的触点（渠道）方式等。

目标数据的准确定义直接反映了营销管理对行业、产品和服务、目标客户等关键要素的理解，是市场情报管理的核心基础。

（3）信息渠道，定义市场情报的来源，是有效完成市场调研的关键管理要素。它是在启动市场调研之前必须明确的，也是企业根据行业的变化不断丰富和完善的要素。通常，有三个方面的主流渠道是值得关注的。

- 企业内部的资料，是第一手资料。包括：销售统计资料，如销售额、销售对象、地区、行业的市场分布；一线销售人员的反馈报告和资料；客户反馈的情报和信件；企业经营成果的资料，如经营活动的效率、广告费用及效果、各项产品的销售成本和利润率等。

- 行业主管部门和有关部门提供的资料，是第二手资料。包括：有关的行业调查资料，有关的统计资料，外贸部门有关产品进出口情况的资料，出版的有关业务期刊等。

- 市场情报资料，是在现有资料不能满足需求的情况下通过市场调查取得的。市场调查可分为一般调查和专项调查。一般调查主要是为了了解同行业企业或相关企业的经营情况，了解市场景气和经济变动的情况。专项调查的项目很多，如潜在需求量的调查、销售情况的调查、价格政策的调查、客户购买动机的调查等。

此外，还可以从国外咨询机构或市场专门调查机构购买有关的市场情报资料，以及在竞争对手和目标客户的网站上搜集资料。在搜集这些资料的过程中，必须注意它们的系统性、准确性、完整性、及时性，以使获得的情报资料具有足够的研究价值。

（4）采集方式，一般来讲市场情报的采集方式包括问卷法、访谈法和观察法等，具体方法的选择取决于需要调研的情报属性。需要注意的是，如果采取访谈法或问卷法，就要在调研之前设计规范的调研问题，并注意问题之间相互关系，防止调研人员的能力和思维方式的不同而带来的调研结果的反差。

（5）数据分析，在市场情报获取之后，将碎片化的数据和信息进行有价值整合的管理过程是市场情报管理的重点。对所有数据化的分析都要把握三个关键点——趋势、周期和领先数据。趋势，即走势，因为任何行业本质上都是时代的产物，不可避免地要跟时代的大趋势发生关系；周期，是任何产品或服务在市场端、客户端发生变化的时间跨度；领先数据，是该行业发生变化的关键驱动要素，也就是说，不论外部环境发生什么变化，其内在总有不变的数据。数据分析最终输出的成果，应该是一个帮助企业判断未来市场走势的模型，以此作为营销策略选择的评估依据。

（6）评估建议，市场情报调研及分析输出是营销管理部门的核心任务，是企业做好营销策略选择的关键依据。在对标企业的经营战略、营销战略的同时，根据市场情报的输入，帮助企业正确地定义未来一段时间内企业营销管理的具体目标（价值流1.3）。

2）营销规划管理的价值定义

营销规划管理的价值定义：根据企业的营销战略，以及市场情报的评估建议，规划营销组织的业务结构，以及阶段性的营销目标及营销策略（价值流1.2、1.3）

营销规划是基于企业营销战略导向的专业化管理工作，其包含目标规划、营销组织规划和营销策略管理三个重要内容。

目标规划，就是企业根据制定的发展战略，对目标市场的收益追求，例如未来几年的销售复合增长率、市场占有率、销售毛利率等。这些目标的定义，既是一个方向，更是一个非常具体的销售目标。其既表达了企业面向目标客户以及竞争对手，需要建立的决心；也给营销整体规划的资源配置和导向提供了对标。

营销组织规划，是企业基于整体营销战略，重点规划好市场与销售、销售区域的设置、直销与分销、线上与线下、产品与品牌等关键营销管理要素的管理边界定义，同时，也决定了营销内部组织架构的设置原则和标准。

在目标规划与营销组织规划完成的前提下，营销规划管理要针对每个过程的营销策略进行认真、全面的规划（该部分内容后面详细展开）。

上述三个方面的设计与规划是营销组织顺利开展工作的关键基础。

3）营销组织管理的价值定义

营销组织管理的价值定义：根据营销规划，进行营销管理体系的组织架构设计，以及相关职责和岗位的设计，并针对性地匹配能力要求以及绩效要求（价值流 2.1、2.2）。

营销组织管理，首先根据营销规划的管理原则，进行营销组织架构的设计，即组织模式设计。通常，组织模式包括选择直线式、矩阵式和事业部制三种。

在营销组织模式确定之后，需要进一步规划营销组织的职责划分和职责定义，同时要非常清楚营销触点（与客户的接触点）管理，及其在业务中的相关性和重要性。通常，营销组织管理包含销售区域管理、销售业务管理、产品管理（售前支持）、渠道管理、市场管理等，关键职责如下：

（1）销售区域管理：主要负责区域范围内的市场开发、渠道开发和客户资源管理。

（2）销售业务管理：主要负责企业所有销售合同的规范、评审、归档，以及应收账款的归口管理，并与财务对接，负责区域年度业绩评价的数据支持工作。

（3）产品管理：主要负责产品市场趋势分析，以及售前支持、售后培训管理，同时根据企业销售渠道的管理模式，负责渠道相关产品知识的培训管理。

（4）渠道管理：主要负责企业销售渠道的开发、合作方式、绩效评估，以及退出机制的全过程管理。

（5）市场管理：主要负责企业整体市场、品牌活动的策划与执行，并阶段性地完成市场调研的相关工作。

这些营销组织管理的关键职责，会根据企业不同的营销组织模式进行调整，但是基本上不会有太大差异，最终还是以营销效率为衡量标准。

营销组织模式和组织架构的确定，直接决定了营销组织管理的关键能力定义。通常，应根据营销组织模式，以及不同岗位层级进行能力定义。

例如，某企业销售过程能力包含销售机会管理、商务谈判、客户关系管理、市场调研、产品讲解、预测能力等，按照销售管理的层级，不同的能力也有不同的定义，以销售机会管理为例，不同层级的能力要求如表 5-1 所示。

表 5-1　销售机会管理不同层级的能力

层级	层级描述	能力定义
1	销售助理	能够通过多样化的信息渠道收集信息/整理并反馈
2	销售经理	能够对销售信息进行初步分析,并对销售机会加以正确识别
3	区域总监	能够组织实施积极有效的行动推动销售机会的实现
4	大区经理	能够创造销售机会,并对销售机会的全过程加以管理

能力的定义直接决定了营销组织管理的绩效标准，这也是营销规划管理中的关键管理要素。

总之，营销规划管理是企业营销管理的重要组成部分，更是一个需要持续完善改进的过程。

营销策略管理

策略就是管理的优先顺序。营销规划管理决定了企业阶段性的营销策略选择。通过市场调研提供的市场走势、竞争态势，以及企业制定的营销目标，制定有针对性的营销策略，是营销管理从规划到执行的关键管理环节。只有到策略层面，才能将营销战略在执行层面真正落地。

通常，营销策略管理需要对品牌定位、产品定位、价格策略、渠道策略、推广策略五个方面进行全面管理，以便使企业阶段性销售业绩有效达成。

1. 营销策略管理的价值流（见图 5-4）

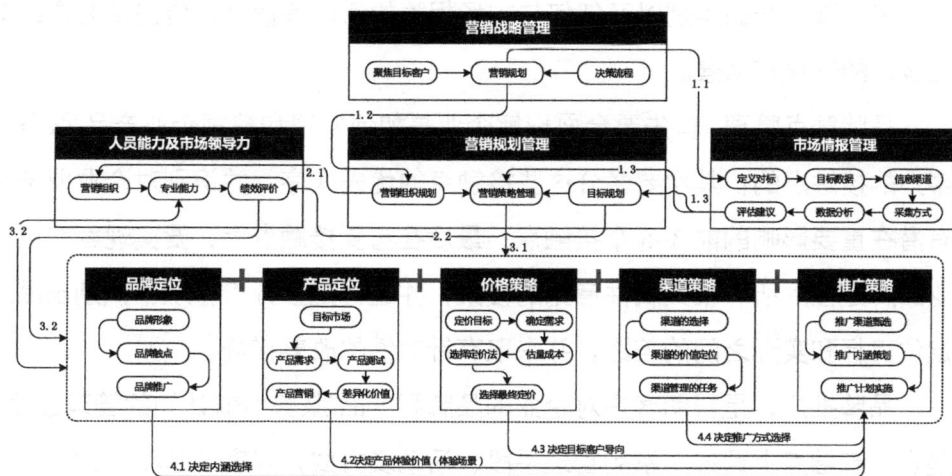

图 5-4　营销策略管理的价值流

2. 该过程各业务板块的价值定义

1）品牌定位管理的价值定义

品牌定位管理的价值定义：根据企业的价值主张，以及营销规划，有序完成企业品牌形象、品牌触点和品牌推广的详细策划，实现企业品牌价值的有效推广。

品牌形象，是浓缩了企业各种重要信息的符号，把企业的信誉、文化、产品、质量、科技、潜力等重要信息凝聚成一个品牌符号。品牌在客户端体现的内在价值包括企业产品和服务的质量、功能，以及带给客户的体验感；品牌在企业端反映了企业与客户之间所建立起来的外在价值，包括企业的美誉度、知名度和忠诚度。这些价值的定义不仅体现在企业产品和服务的包装、宣传方式、公共关系等环节，更体现在营销组织内部，需要所有市场和销售人员对公司产品/服务品牌定位及其构成的关键要素，以及市场影响力，形成认知的一致性。

品牌触点，是消费者有机会面对一个品牌信息的情景，这些触点（也称接触点）是品牌信息的主要来源。接触是整合营销传播中的核心概念，是指一切将品牌、产品类别以及任何与市场相关的活动等信息，传递给客户或潜在客户的过程和情景。

品牌触点管理，首先要全面理解企业是如何发现和挖掘企业产品/服务与客户的接触点的；其次要区分这些接触点的优先次序，并识别对企业业务具有潜在重要影响的前 3~5 个接触点；最后在重要接触点上，要实现客户对企业品牌定位的所有相关属性意见的搜集，并进行定量分析，从中识别出品牌定位目标和实际之间的差距，并采取有针对性的改善措施。

品牌推广，是帮助客户对企业的品牌和产品/服务价值认知的管理过程，是在品牌触点上通过一系列管理手段、活动及方式，对客户认知企业、认知企业提供的产品和服务价值导向的干预措施。

品牌形象定义，品牌触点识别、筛选及管理，品牌推广的全面策略与实施，是品牌管理的三个重要价值。但不论采用什么管理手段，对品牌产生关键影响的都是场景。与客户交互的场景，是一切品牌管理手段规划与实施的核心基础。

2）产品定位管理的价值定义

产品定位管理的价值定义：基于企业的品牌定位和价值主张，确定企业区别于竞争对手的产品价值定位，满足目标客户的需求及偏好。

产品定位与品牌定位是相辅相成的，品牌定位的载体是产品。

产品定位是在产品设计之初，针对消费者或用户对某种产品、某种属性的重视程度，塑造的产品或企业的鲜明个性或特色。企业通过树立产品的市场形象，使目标市场上的客户了解和认识本企业的产品。

有效的产品定位管理必须明确三个问题：产品在目标市场上的地位如何？产品在营销中的利润如何？产品在竞争策略中的优势如何？

完整的产品定位管理包括目标市场、产品需求、产品测试、差异化价值和产品营销五个关键管理环节。

（1）目标市场。目标市场定位是市场细分与目标市场选择的过程，即明白为谁服务。一般情况下，有三种产品定位方法：无视差异表示对整个市场仅提供一种产品；重视差异是为每个细分的子市场提供不同的产品；仅选择一个细分后的子市场，提供相应的产品。

（2）产品需求。产品需求是由产品功能组合实现的，不同的客户对产品有着不同的价值诉求。做好产品需求分析的前提是，要对目标客户进行分层管理，针对不同层级的客户群体，以及他们自身存在的需要产品解决的问题，如痛点、爽点和痒点等不同需求，进行企业产品的价值定位。

（3）产品测试。对企业进行产品创意或产品测试，即确定企业提供何种产品或提供的产品是否满足需求。该过程的目的是促进企业自身产品设计的持续改进，其主要管理内涵是，考察产品概念的可解释性与传播性，同类产品的市场开发度分析，产品属性定位与消费者需求的关联分析，对消费者的选择购买意向分析等。

（4）差异化价值。任何产品和服务之间都会存在共同的属性，而差异化的选择是企业产品价值的核心表现。产品质量、使用场景、功能效应等是企业区别于竞争对手可以思考的选择点。

（5）产品营销。每个产品都有自身的生命周期，不同周期下的营销策略是不同的。如果一个企业拥有多个产品，或者产品本身具有很强的生命周期，那么制定有针对性的销售策略或者产品组合策略，就是产品定位管理的关键。

产品定位是营销管理在价值创建阶段的关键价值体现（给价值创建的关键输入），是营销组织与研发组织密切有效的配合基点。如果要提升企业产品投放市场上的有效势能，那么产品定位管理一定是关键的管理要素。

3）价格策略管理的价值定义

价格策略管理的价值定义：根据目标客户的画像，以及企业产品和服务成本的估量，选择一种能够吸引客户、实现市场营销组合的策略，为产品和服务的有效推广提供助力。

价格策略是根据购买者各自不同的支付能力和效用情况，结合产品进行定价，从而实现利润最大化的管理方法。尽管在营销的过程中，非价格因素比比皆是，但价格仍是决定企业市场份额和盈利能力的最重要因素之一。在营销策略组合中，价格是唯一能产生收入的因素，其他因素表现为成本。

通常，价格策略不是一成不变的，需要根据产品和服务的不同生命周期进行适当调整，以保证产品和服务的生命周期持续延长，为企业带来更多收益。这些策略具有一定的复杂性，甚至在不同行业、不同竞争环境下都会有不同的选择。但就第一次定价而言，每个企业都具有相同的管理要素，即定价目标、确定需求、估量成本、选择定价法、选择最终定价五个关键管理环节。

（1）定价目标。满足市场需求并实现企业的盈利，是一切定价目标管理的核心追求。针对每个新产品的市场投放，企业必须定义该产品的市场追求，

如保证一定的销量、确保必需的盈利、打败竞争对手、切入红海市场、占领蓝海市场、争取合作渠道、留住目标客户等，这些都是选择定价目标的思考维度。

（2）确定需求。影响需求变化的因素有很多，价格就是其中一个重要因素，最经典的理论就是需求定律。价格策略是指在产品处于不同的生命周期、销量产生变化的过程中，企业及时调整价格，顺应市场的发展趋势，以实现企业产品和服务的价值最大化。如果实现上述目标，那么对企业营销管理的最大挑战是，销售数据的收集、产品生命周期的对应关系及数据分析等关键业务过程。

（3）估量成本。需求在很大程度上为企业确定了一个最高价格限度，而成本决定着价格的底线。任何忽略成本的价格策略必定不是企业管理的追求。产品成本是由固定成本和变动成本构成的。固定成本通常不随产品产量和销量的变化而变化，如固定资产折旧等；而变动成本会随着产品产量和销量的变化而变化，如原材料、水电费、产品库存等。如果企业产品和服务具有多样性，那么产品和服务的价格政策需要考虑产品组合定价与产品成本之间的关系。

（4）选择定价法。企业在定价目标指导下，依据对成本、需求及竞争状况的研究，运用价格决策理论，对产品价格进行计算的具体方法，通常有三种选择模式：成本导向定价法，是以成本为核心的目标收益、边际成本，以及盈亏平衡的定价原则；竞争导向定价法，是通过随行就市、差别定价的方式，适应市场竞争的定价方法；客户导向定价法，包括理解价值定价法、需求差异定价法和逆向定价法，核心是保证客户理解的价值与企业制定的价格相匹配，同时要考虑渠道的盈利等。

（5）选择最终定价。企业最终确定的价格标准，从某种意义上来讲，并不是一个简单的价格，其反映了企业自身的定价形象、面对市场变化的价格态度、面对竞争对手的指导思想。对最终定价的管理，不论是在营销管理体系，还是在企业内部各个管理环节，都必须实现认知的一致性和管理规范的一致性。

价格策略的执行，价格控制和价格梯度被不断地进行测量并作为基准，是营销策略管理的关键要素之一，也是复杂度比较高的管理要素。降低复杂度，取决于企业自身营销数据的准确性，以及内部价格管控机制的完善，这是企业运营管理的重要流程之一。

4）渠道策略管理的价值定义

渠道策略管理的价值定义：根据企业的产品属性和盈利需求，科学选择营销渠道的方式，实现快速、准确、有效地传递企业产品和服务价值，获取更大的收益。

渠道策略也是营销策略的重要组成部分，它对降低企业成本和提高企业竞争力具有重要意义。渠道策略管理包含渠道的选择、渠道的价值定位和渠道管理的任务三个核心要素。

（1）渠道的选择，是渠道策略管理的首要任务。决定采用什么样的销售渠道取决于很多因素，如产品的技术含量、产品的盈利空间、客户对产品接受的难易程度、客户分布的广度，以及企业市场费用的投入额度等。不同的条件决定了企业选择渠道的原则和方向，如表 5-2 所示。

表 5-2　不同的条件决定了企业选择渠道的原则和方向

因素/难易/选择	企业评估		渠道选择策略	
	高（难）	低（易）	直销	分销
产品的技术含量	★		★	
产品的盈利空间		★	★	
客户对产品接受的难易程度	★		★	
客户分布的广度	★			★
企业市场费用的投入额度		★		★

（2）渠道的价值定位。所有销售渠道的核心价值，就是帮助企业实现客户对企业产品价值的认知，并完成购买服务的管理过程。所有渠道的价值主要体现在认知、评估、购买、传递和售后五个关键环节。

- 认知，是帮助客户对企业的产品和服务，有一个全面的、清晰的认知，避免客户对企业产品价值的认知缺失。
- 评估，是实现客户对企业的品牌价值，以及产品质量和功能价值的全面评估，准确实现产品和品牌与目标客户的有效匹配。
- 购买，帮助客户实现产品/服务购买的全过程管理，完整对应企业对客户的服务承诺。
- 传递，能够结合渠道自身的属性，通过各种有效的宣传手段，实现企业价值主张向目标客户的有效渗透。
- 售后，能够按照企业对客户的承诺，合理、及时、准确、保质保量地完成产品和服务的售后工作。

上述五项的渠道价值定位，也是企业评估渠道绩效结果的五个关键要素。在营销管理中，渠道的价值体现首先取决于企业给合作渠道的有效赋能。

（3）渠道管理的任务，一般包括供货管理、广告促销支持、产品服务支持、订货管理、结算管理和其他管理。这也是企业与渠道之间建立相互信任，实现共同追求的关键触点。

- 供货管理，要保证供货及时，帮助渠道建立并理顺销售子网络；分散销售库存压力，加快商品的流通速度。
- 广告促销支持，通过市场推广活动的开展，帮助渠道减少商品流通阻力，提高商品的销售力，促进销售，提高资金利用率。
- 产品服务支持，能够妥善处理销售过程中出现的产品性能咨询、损坏变质、客户投诉、客户退货等问题，切实保障渠道的利益不受无谓的损害。

- 订货管理，通过科学的管理手段，减少因订货处理环节中出现的失误而引起的发货不畅。

- 结算管理，通过建立规范的结算规则，规避结算风险，保障企业与渠道的双方利益。

- 其他管理，产品与文化培训、协调冲突事件，消除猜疑等管理活动，核心目的就是不断增加渠道与企业之间的合作黏性和持久性。

渠道策略直接影响着营销的其他策略，如价格策略等。它与其他营销策略一样，决定着企业是否能够成功开拓市场，是实现营销和经营业绩的重要管理手段。

5）推广策略管理的价值定义

推广策略管理的价值定义：根据企业的品牌定位和产品定位，通过推广渠道的筛选，制定翔实的推广计划与推广内涵，实现企业的品牌价值和产品价值的有效传播。

推广策略是基于上述营销策略的具体实施过程。其中，品牌定位决定了推广策略的内涵选择（价值流 4.1）；产品定位决定了推广策略的产品体验价值，即体验场景设计（价值流 4.2）；价格策略决定了推广策略的目标客户导向（价值流 4.3）；渠道策略决定推广策略的推广方式选择（价值流 4.4）。

推广策略是要在能够与目标客户进行全面接触的，所有有价值的触点上形成系统化、规范化的推广计划、推广渠道、推广内涵的选择。其中，推广计划要保证覆盖到强弱势触点，并形成优先顺序的排列，最终以投入产出价值作为评价标准；推广渠道要建立与产品服务价值相匹配的场景体验，让客户能够真实地体验到产品和服务的性能和质量；推广内涵要实现清晰、易懂、独特的、有说服力的、令人难忘的符合品牌定位的管理要求。

总之，营销策略是实现营销规划并为企业不断创造价值的关键管理任务，也是营销管理的核心。面对不同的企业、不同的产品、不同的产品生命

周期、不同的市场竞争态势等外部影响因素，企业营销管理的唯一选择就是将营销策略的管理与实施做好、做扎实。

分阶段营销策略的制定与实施，也是营销组织管理中能力标准和绩效标准的核心对标（价值流 3.2）。能力管理与营销策略管理是一个相辅相成、持续优化的过程；绩效管理，尤其是在绩效指标的设定上，必须与营销策略的方向一致、导向一致。

销售执行管理

销售执行是营销规划和营销策略在营销管理最前端面向客户全面实施的过程，是产品价值和品牌价值在客户端全面体现的过程。

1. 该过程的价值流（见图 5-5）

2. 该过程各业务板块的价值定义

销售执行管理的价值定义：通过对企业营销战略、营销规划和营销策略的全面理解，以及必备营销资源的准备，按照 PDCA 管理循环，完成对销售过程的全面管理，持续提升企业的盈利能力，并持续维系与发展客户关系。

营销战略、营销规划和营销策略的全面被理解是销售执行的基础。营销战略使全体销售人员能够清晰看到企业未来营销的管理追求；营销规划决定了阶段性营销资源的匹配方向及优先顺序；营销策略让所有销售人员能够清晰企业的品牌定位、产品价值及质量性能、目标客户、推广方式等。营销策略在所有销售人员层面的认知共识是销售执行管理最重要的前提。

销售执行是一个管理过程。一个完整的销售过程包括发现商机、售前交流、商务谈判、合同签订、产品（服务）交付、售后服务六个关键业务过程。每个过程的输出价值都在为下一个过程的价值创造提供帮助。

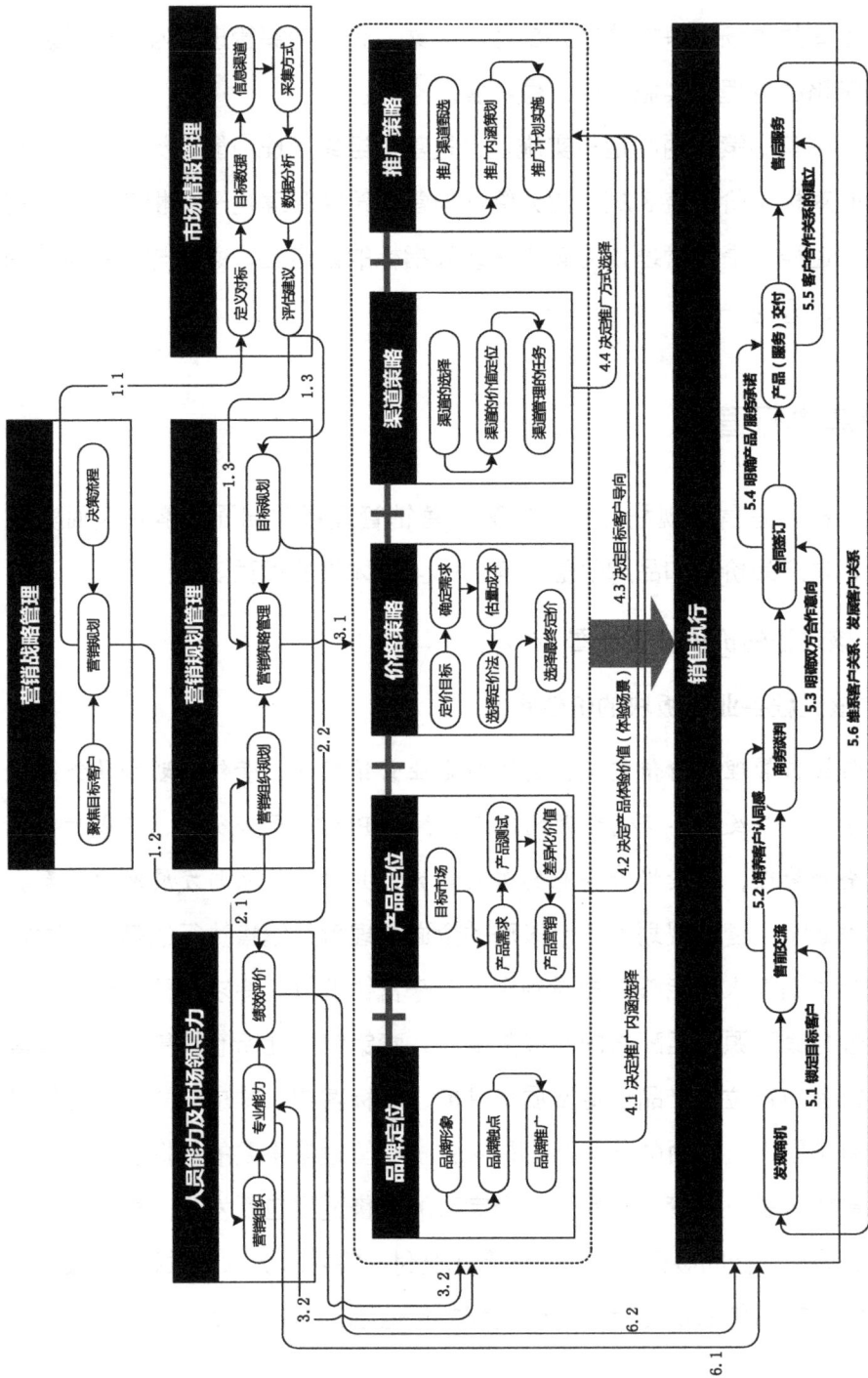

图 5-5　销售执行管理的价值流

　　发现商机的价值定义：根据企业的产品定位，通过有效的目标市场排查，筛选、识别并确定真实的目标客户（价值流 5.1）。

　　目标客户的筛选是销售执行的首要任务。销售人员必须按照企业产品价值定义的目标客户画像，通过销售漏斗的方式，锁定真正的目标客户。

　　售前交流的价值定义：根据企业产品的功能与质量，依据客户的需求，进行全面的产品和服务交流，培养客户对企业品牌和产品的认同感（价值流 5.2）。

　　客户对企业品牌和产品功能的认同感（非价格因素）是实现销售的重要环节。产品和服务设计之初所确定的产品性能和价值，是该过程销售人员或者售前技术支持人员与客户交流的关键内涵。这些交流方式，以及必备的交流资料，甚至样品，都是在实施销售行为之前，在营销组织内部要完成的培训和准备（价值实现阶段的营销导入环节）。如果在售前交流过程中存在两个以上岗位之间的配合，那么不同人员的工作内容和工作边界必须在营销组织内部达成一致，防止在该过程出现不必要的信息不对称和承诺偏差。

　　商务谈判的价值定义：根据客户对企业产品/服务的认知和诉求，以及企业可以承诺的服务，达成双方合作意向（价值流 5.3）。

　　在售前交流过程中，一定存在客户对企业产品/服务的额外诉求，特别是在客户导向型和快速反应型两种业务形态中。因此，销售人员通过与企业后端的技术资源、供应资源等部门之间的协同配合，明确企业可以承诺的服务，才能以此作为商务谈判的基础。在此基础上企业和客户完成规范报价、服务承诺、质量承诺等需要明确的事宜，最终达成双方认同的合作意向。

　　合同签订的价值定义：根据商务谈判确定的产品/服务内涵，以及双方的承诺，按照规范化的合同范本及审核流程，完成双方合作责任与义务的最终确认（价值流 5.4）。

　　合同签订是甲乙双方形成服务承诺的邀约。合同是一个规范性的法律文书，这一点并不难理解。需要注意的是，如果企业提供的产品/服务相对比较复杂，如客户导向型业务，那么在合同签订的内部审核过程中就会涉及多个业务部门对合同内容和服务承诺的评估。针对这类合同，要想使出现误差的概率最小化，就只能不断地完善和修订合同评审的标准，以及业务之间评估的先后顺序，只有这样才能最大限度地防止承诺误差的出现。

产品（服务）交付的价值定义：根据合同的约定，保质保量按时交付承诺的产品/服务，完成与客户合作关系的建立（价值流 5.5）。

产品（服务）的完整交付（注意：从销售活动转为售后服务活动之间的边界定义）是销售执行的一个重要里程碑，是与客户建立合作关系的起点。按照合同承诺保质保量按时交付是该过程的最基本要求。更是为双方未来长远合作打下了坚实基础。

售后服务的价值定义：根据与客户已经建立的合作关系，在履行服务承诺的基础上，通过持续获取客户对企业产品/服务的评价，不断挖掘新需求，建立更长远的合作关系（价值流 5.6）。

一个完整的售后服务管理过程并不是简单地停留在产品的售后服务上，还包括销售人员更加全面的售后服务。在该过程中，销售人员通过规范化的服务行为，如回访、了解产品/服务使用情况、交流产品质量和功能的可扩展性等，最终实现客户关系的维系与发展。客户关系维系的评价标准是客户的重复购买率，客户关系发展的评价标准是客户的增值购买。

上述六个关键业务过程是实现企业营销战略真正落地的关键管理要素。在整个过程中，不乏大量的成功经验总结，以及必备的销售资源的准备，这是销售执行管理的基本抓手。

销售过程管理的不断深化与完善，为营销组织总结销售经验、培养合格的销售人员（价值流 6.1）以及定义销售过程管理的绩效标准（价值流 6.2），都将有着深远的意义，更是企业营销管理的知识资产。

产品领先型业务销售执行案例解读

【案例背景】

这是一家以研发、制造、销售及服务为核心业务的医疗制品企业，销售的目标客户群为二甲以上医疗专业机构（医院及相关医疗服务机构）。产品具有很强的医疗专业属性和广泛应用性（各类医疗机构），进入客户端往往都是通过招标方式实现的。

在该企业的常规销售过程中，销售人员一般要与客户端的四类人员进行交流，他们在销售过程中起到的作用有很大不同。

- 科室使用者，通常都是该类产品的终端使用者。他们对同类产品的性能和价值有着切身的体验，因此对于产品的性能和质量等关键指标都是权威的评估者。

- 护理主任，是医疗机构护理管理的负责人，负责全体医护人员的管理，同时也是相关护理耗材使用情况的主管领导。他们在产品的选择、使用评价以及招投标过程中起着关键作用。

- 器械科长，是医疗机构所有设备、设施及耗材的招标组织者和执行者，同时也是未来协调供应资源的主要负责人。

- 主管院长，是该类业务的主管领导，是未来招标决策组的主要负责人，对供应商的准入起着决定性的作用。

这四类人员既是该类订单实现的利益关系人，也是销售人员在销售过程中必须沟通并协同订单实现的主要客户人群。因此，在销售执行过程中，在不同过程中从哪类人群中获取哪些有价值的信息，在哪些过程中实施哪些必备的销售动作，是销售执行管理的关键。

下面逐步介绍销售执行应该有的行为标准及相关注意事项。

【销售执行过程分析】

过程一　发现商机的价值流（见图 5-6）

图 5-6　发现商机的价值流

<价值流 1.1> 从一线的科室使用者获取目前正在使用的产品情况，以及竞争对手的相关情况。

该信息的获取能够帮助销售人员判断，目前客户使用的产品与企业现有产品之间的差异点，包括产品的使用性能、经济性、适用性，以及厂家的服务等关键信息，为接下来的企业产品推荐找到真实的对标。

<价值流 1.2>从护理主任获取客户是否有重新招标的需求。

该信息的价值是帮助我们判断新的供应商在客户端是否有进入的机会。双轨制的供应机制通常是客户选择的策略，如果供应和服务稳定，那么新的供应商很难有进入的机会。

<价值流 1.3>从器械科长获取客户的常规招标流程，以及参与评标的相关决策人。

在采购的过程中，每个客户采取的方式是不同的，有的公开招标，有的议标等。明确采购流程是销售人员接下来准备的基础条件。同时，销售人员也要清楚客户端通常参与招投标的评标委员会成员都有哪些人员。这对于未来在招投标过程，如何关注到不同评委的关注点以及需要准备的相关资料将起着重要作用。

通过上述三个价值流的信息获取，销售人员能够相对准确地判断出，在该客户端企业是否具备进入的条件，该客户是不是企业的真正客户，是否应该投入资源进入售前交流过程。

过程二　售前交流的价值流（见图 5-7）

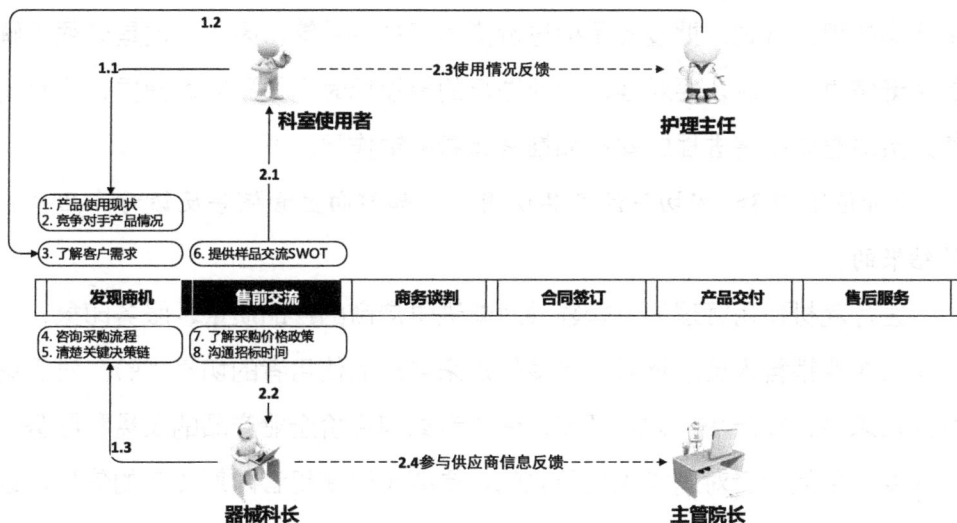

图 5-7　售前交流的价值流

<价值流 2.1> 争取机会，提供产品样品，让客户体验企业的产品性能与质量。

产品价值的最佳验证方式就是客户的使用体验。销售人员在确定目标客户是潜在客户的前提下，必须寻找机会和渠道将企业的产品提供给客户进行体验。在这个过程中，有的企业完全依靠销售人员的专业认知来完成，这对销售人员的专业产品技能要求很高；有的企业则需要售前产品支持人员来协助。不论采取哪种方式，提供样品验证的销售行为一定要在发现商机过程中，以便让企业看到现有产品的使用情况。只有这样，才能进一步体现企业自身产品与竞争对手产品之间的优势。

<价值流 2.2> 进一步全面了解客户的采购价格政策，以及未来预计实施招标的时间计划，为做好投标之前的基础准备提供准确的客户信息，以及企业内部的政策支持。

通常，客户对某类商品的采购价格政策具有一定的连续性。该政策对销售人员在接下来的商务谈判环节协调企业内部政策有着重要影响。例如，未来产品的组合方式、批量及品种与价格之间的关系等，因此，这是必须了解的关键信息。同时，要对客户预计进行的招投标时间做到准确把握，这对销售人员对整体销售进程的安排和推进起着关键作用。

<价值流 2.3> 密切关注产品使用者是如何向主管领导反馈对产品体验的结果的。

医疗耗材使用管理的主管领导对新进供应商的产品质量、服务印象，除了来自企业销售人员的承诺，更多的是来自产品使用者的切身体验。对于销售人员来讲，在产品的体验环节，使用者如何评价企业产品的质量和服务，不仅要听到使用者对销售人员所说的，更要关注使用者内部传递的信息，这也是接下来进行商务谈判的关键。

<价值流 2.4> 密切关注招标组织者是如何向主管领导反馈对企业的印象的。

对于新进入的供应商，在初期交流和提供产品体验的过程中，除了要关

注未来产品使用者的印象，还要关注采购主管部门对企业的初步印象。与其交流的内容、深度、广度等关键信息决定了我们对客户的真实诉求，以及对企业的认可度的把握。这些信息是采购部门在进行正式招标之前必须向主管领导反馈的内容。因此，销售人员必须关注并促进将企业的正面信息有效地传递给主管领导。

　　售前交流过程是销售人员有效推进销售进程的重要过程。如果在该过程中销售人员在产品的适用性、体验感受获取、正（负）面信息传递等方面不能有效推进，那么后期的商务谈判的机会也许就不会存在。

过程三　商务谈判的价值流（见图 5-8）

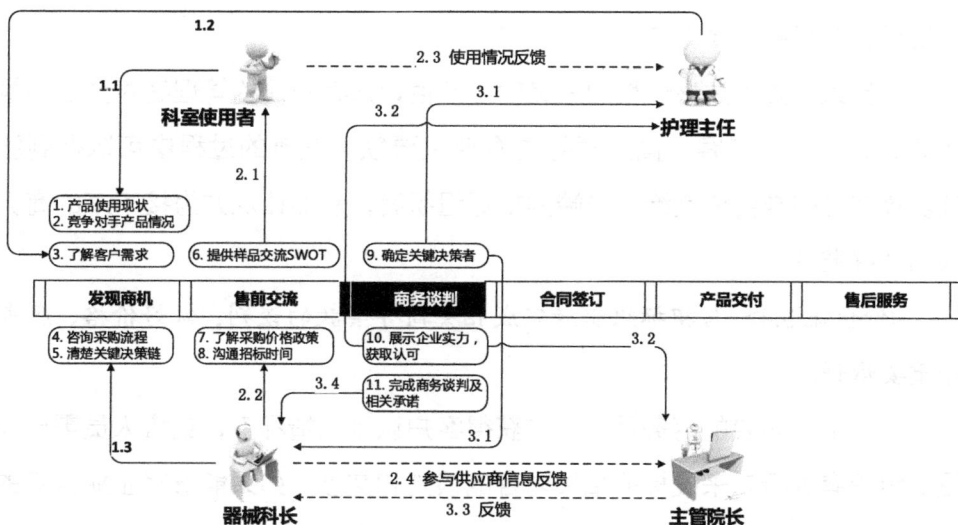

图 5-8　商务谈判的价值流

　　<价值流 3.1> 根据前期的产品使用情况及采购政策交流，进一步明确采购决策的关键决策者，以及决策的关注点。

　　在商务谈判的过程中，销售人员一定要清楚，客户端未来进行评标的每个决策者的关注点。也许销售人员不能接触到所有决策者，但在售前交流过

程中，护理主任以及器械科长两位关键利益关系人却是销售人员获取有价值信息的关键渠道。在前期交流和产品体验的过程中，在客户心中企业与竞争对手之间的 SWOT 都是什么，关键差距与客户关注点是否存在必然的联系等，都是商务谈判的关键前置性影响因素。

<价值流 3.2、3.3> 通过采取必要的方式，让客户端的主要管理者认可企业的品牌以及市场影响力。

该过程是销售人员强化企业价值和实力，提升客户对企业信任度的关键业务过程。通常，参观考察企业和样板客户，以及企业与客户之间的高层互动等，都是必要的营销手段。在样板客户的选择上，销售人员要注意，样板客户与目标客户之间的匹配度以及可参考价值（对称或者高级别），否则会对目标客户起到负面影响。

销售人员要关注该过程的最终输出价值，即客户端的管理者对企业的最终印象，这一点在客户高层领导与企业主要领导交流的过程中可以得到验证。该信息同样会传递给客户端的招标组织者，从而让双方为接下来的商务谈判做好准备。

<价值流 3.4> 与招标组织者完成相关商务条款的谈判，做好价格、服务等重要承诺。

通过上述必要的商务活动，在获得客户认可的情况下，销售人员需要与招标组织者进行未来投标的相关内容的谈判和交流。如果能够将企业自身的产品参数和品类规格作为招标说明书的对标标准，那么投标的成功概率就会大幅度提升。

该过程的最终输出成果是完成招标文件，以及成功中标。

过程四　合同签订的价值流（见图 5-9）

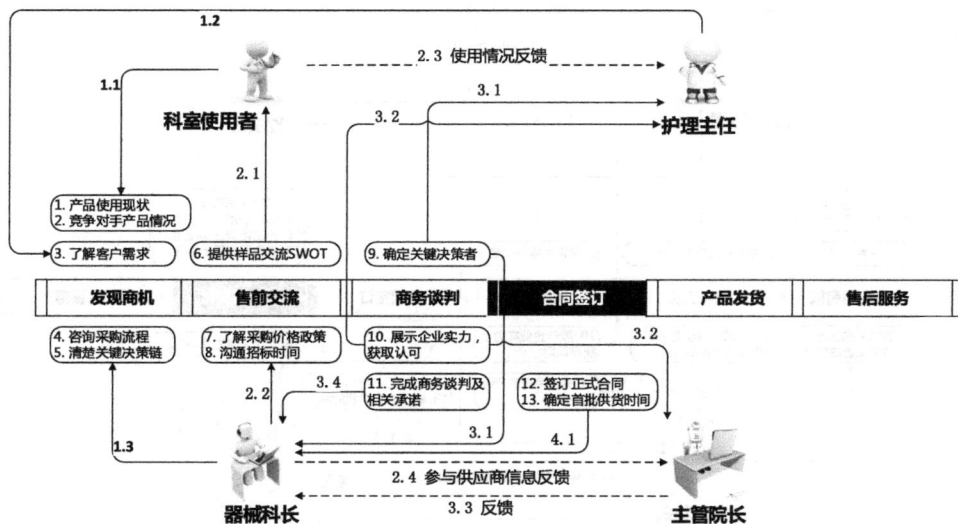

图 5-9　合同签订的价值流

<价值流 4.1> 完成与客户正式供货的合同签订，并确定首批供货时间。

该过程的核心价值是与客户端的招标组织者（器械科长）完成中标之后的合同签订。除了要进一步评估合同条款与企业前期承诺的服务条款的一致性，还要明确企业供货的时间。销售人员必须清楚，合同形成并不代表着企业收入的形成，如果产品不能实现发货，不能实现发票的交接，那么合同额就不能成为收入。

过程五 产品交付的价值流（见图 5-10）

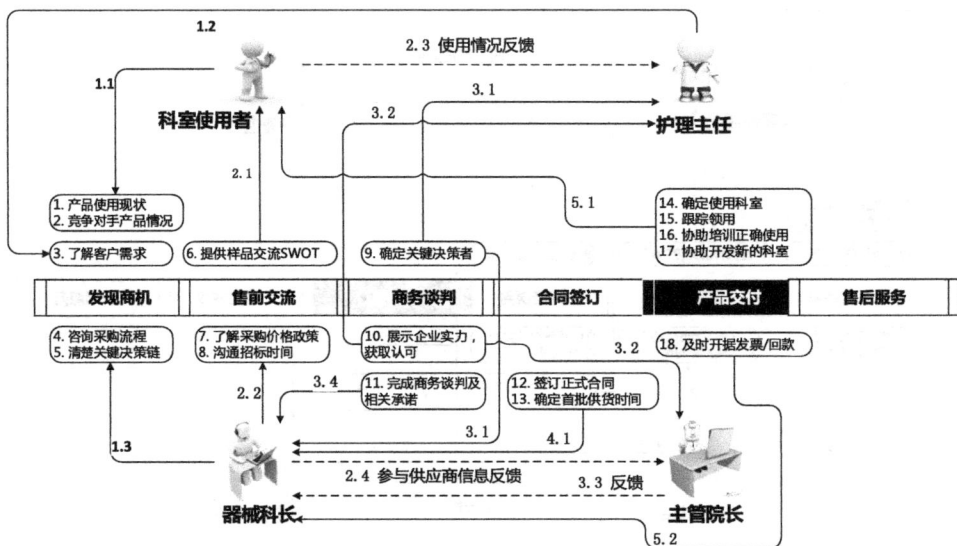

图 5-10 产品交付的价值流

<价值流 5.1> 实现首批供货之后，通过有效的营销手段，积极推进产品的领用以及正确使用，保证产品价值的充分体现。

销售人员在首批产品进入之后，不要认为这是销售工作的结束。如果产品得不到批量化的领用，以及终端使用者不能正确使用，那么销售量的提升是不可能实现的。因此，在该过程中销售人员要持续关注，有哪些科室在使用企业的产品，领用的基础量是多少，领用的周期如何。这些信息如果能够及时获得，那么我们为客户提供的产品使用培训就会更加有针对性，对产品价值的全面体现就会起到积极的促进作用。在此基础上，我们可以通过产品使用科室的经验介绍及效果反馈，进一步扩大产品使用科室范围，为产品销售额的持续提升带来价值。

<价值流 5.2>及时开具发票，并跟踪回款，实现销售活动的阶段性里程碑。

产品交付验收以及发票的开具是销售执行重要的管理环节，也是企业销售收入真正进入可以获取的里程碑。

过程六　售后服务的价值流（见图 5-11）

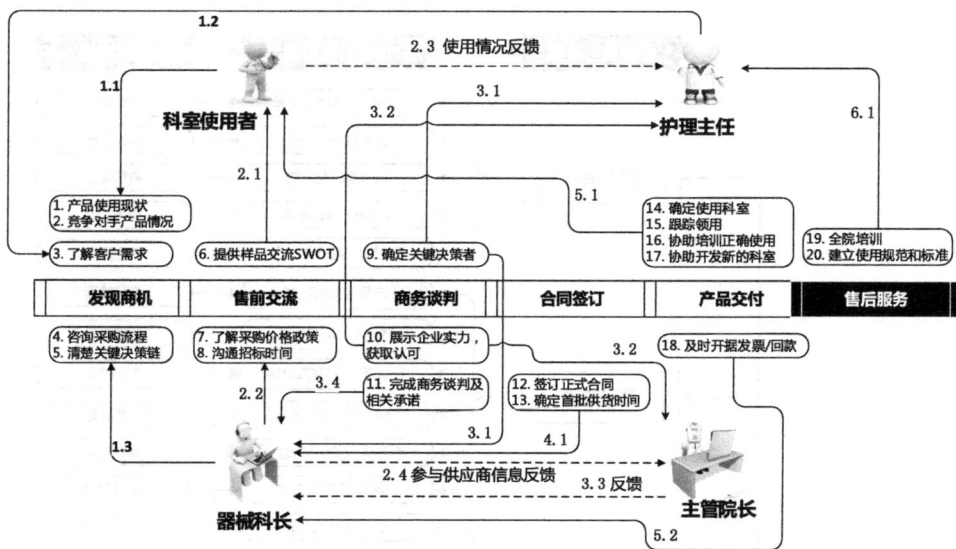

图 5-11　售后服务的价值流

<价值流 6.1> 根据客户的使用情况，协助相关部门通过服务竞赛等方式，完善产品在客户端的使用规范，促进产品销量的提升。

售后服务绝对不仅是产品方面的售后服务，也包含销售的售后服务。对于一个消耗类产品，持续关注客户的使用规律以及使用方式，并从企业的角度协助客户建立该类产品的使用规范（有效、成本可控等），是销售人员应有的营销行为，也是很多企业营销管理的差异所在。

通过销售执行过程的价值流分析我们可以清晰地看到，在销售执行的六个关键业务过程中销售人员必须完成的 20 个规定动作，以及与客户端相关利益关系人的对应关系。这样的销售执行管理才是可控的销售管理。

　　按照上述销售执行过程的描述，如果销售人员能够顺利地、专业化地完成所有规定的销售动作，那么企业的营销管理必须给予销售人员更多的支持。这些支持不仅是销售政策的支持，更多的是销售工具与方法的支持，如图 5-12 所示。

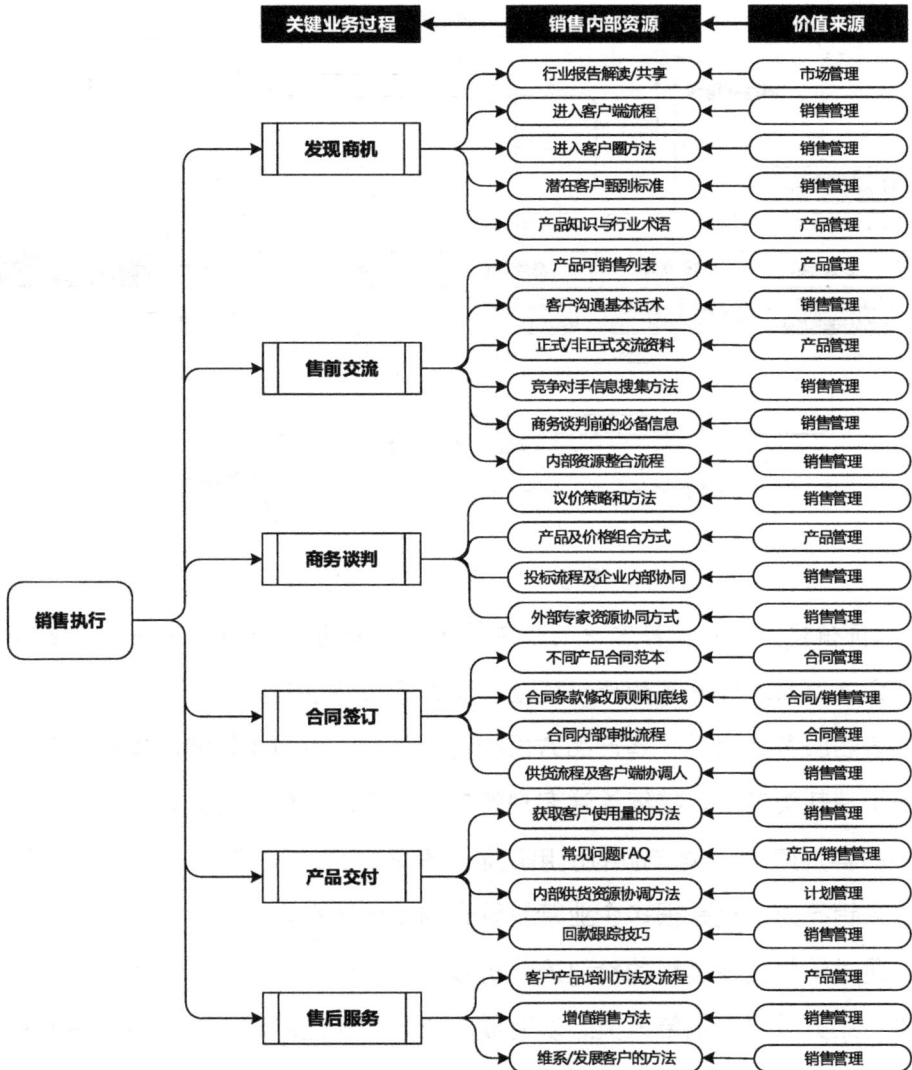

图 5-12　销售内部资源及内部支持

上述 26 项内部资源及内部的协同配合，是销售人员正确完成销售执行过程中每个基本任务的前提条件，也是企业营销管理需要持续完善和丰富的知识体系。

【案例启示】

销售执行管理是一个管理过程，并非完全依靠销售人员的个人能力，它是组织能力在业务最前端的综合展现。如果企业能够根据自身业务的销售属性和业务过程特点，按照上述方式加以管理，那么销售执行管理才会摆脱对人的完全依赖。

客户导向型业务销售执行案例解读

【案例背景】

这是一家为交通行业提供软件解决方案的企业，其目标是为客户提供满足交通运营管理需求的信息化管理系统，以及后期平台端运维及客户端运营的服务价值。

该企业的整体运营管理体系基本上由前台、中台的业务板块构成。前台业务由解决方案营销部和解决方案部构成；中台业务，也就是技术支撑平台，由技术架构研发部、应用技术研发部、运营技术研发部、运营部、项目部构成。

上述部门的关键职责如下：

- 解决方案营销部。根据企业的技术优势和成功案例，面向目标客户推广企业的技术优势和解决方案价值，准确引导及获取客户需求，并协同企业内部技术资源完成订单的实现。

- 解决方案部。根据客户需求，整合内部资源，完成满足客户需求的整体解决方案的规划、设计、测试及交付，并协同营销团队完成订单的商务谈判和合同签订。

- 技术架构研发部。根据企业的业务定位，以及对行业的业务理解，前瞻性地设计、规划，并实现具有企业独特价值、满足行业管理需求的技术架构。

- 应用技术研发部。根据行业的业务属性以及应用技术的发展趋势，不断总结企业自身及行业的成功案例，完成企业独有的、领先的应用技术平台及产品，为客户创造更多价值。

- 运营技术研发部。根据行业的运营管理属性，以及客户的运营管理需求，负责规划、设计运营管理的技术平台，满足客户的运营管理需求。

- 运营部：根据行业的运营属性，以及企业运营服务业务规划，负责运营模式的开发，并根据目标客户的需求，负责个性化的运营模式开发等工作。

- 项目部：根据解决方案的设计与规划，负责项目整体实施与交付验收的组织管理工作，保证项目实施的质量、进度及成本的可靠性。

【销售执行过程分析】

根据解决方案业务的特点，在项目实施与交付及售后服务的过程中，时间跨度相对比较长，而且基本上属于项目实施、技术支撑以及运营服务等方面的管理内涵。因此，针对该业务形态的销售执行过程分析，我们聚焦在发现商机、售前交流、商务谈判、合同签订四个关键业务过程。

过程一　发现商机的价值流（见图 5-13）

<价值流 1> 根据企业的技术优势及成功案例，实现面向目标客户的企业价值推广。

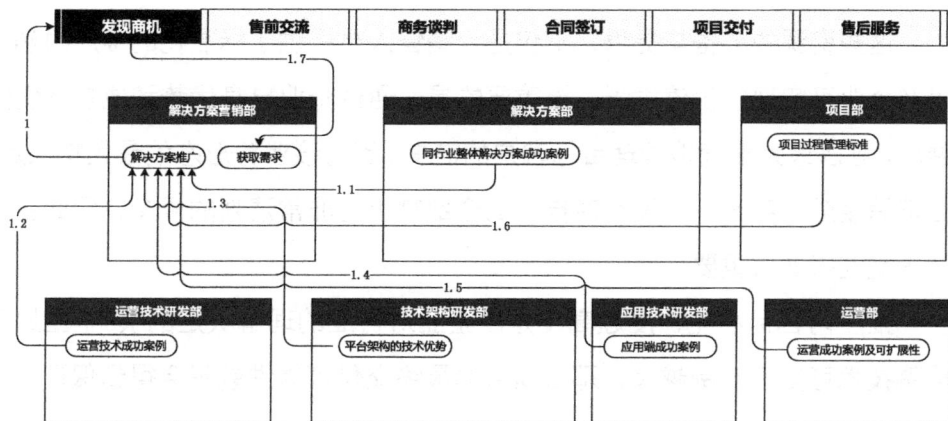

图 5-13　发现商机的价值流

　　销售执行的首要环节是从价值推广及获取需求开始。客户导向型业务与产品导向型业务最大的不同是，销售人员要根据企业具备的技术能力（而非单一产品）对目标客户进行全面推介。这不仅对销售人员的技术认知有着很高的要求，更对中台的技术支撑部门提出了更高的资源保障需求（ 见图 5-14 ）。

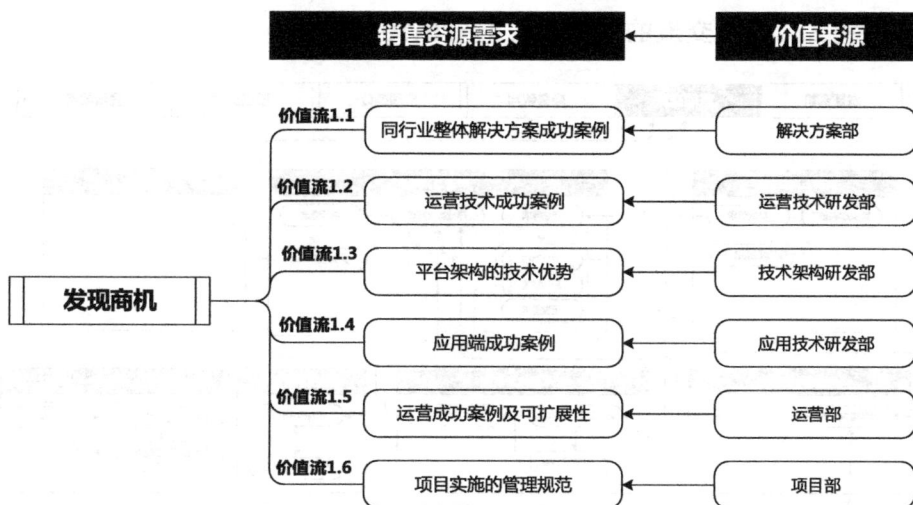

图 5-14　销售资源保障

这些资源的准备与提供，不仅是为销售人员提供了标准化的推广内涵，以及企业可实现的价值主张，更重要的是，通过企业自身优势和成功案例的展示，可以最大限度地管理目标客户的需求。因为该业务形态的最大特点是，在营销接触初期客户还没有对自己的全部需求有非常清晰的概念，因此引导需求就变得非常重要。

推广内容标准化程度越高（是由企业对行业的理解决定的）、企业原有成熟技术可复用比例越大，那么项目的最终交付可靠性就越会得到保证。

<价值流 1.7> 解决方案营销部根据对目标客户需求的全面理解，准确描述客户需求的内涵。

解决方案营销部的销售人员需要具备比较高的技术能力，要在全面理解企业自身技术能力和企业可提供服务的基础上，对客户的差异化需求有准确的理解。只有这样，未来的解决方案交流，乃至整体项目的规划与交付，才能得到有效保障。

过程二　售前交流的价值流（见图 5-15）

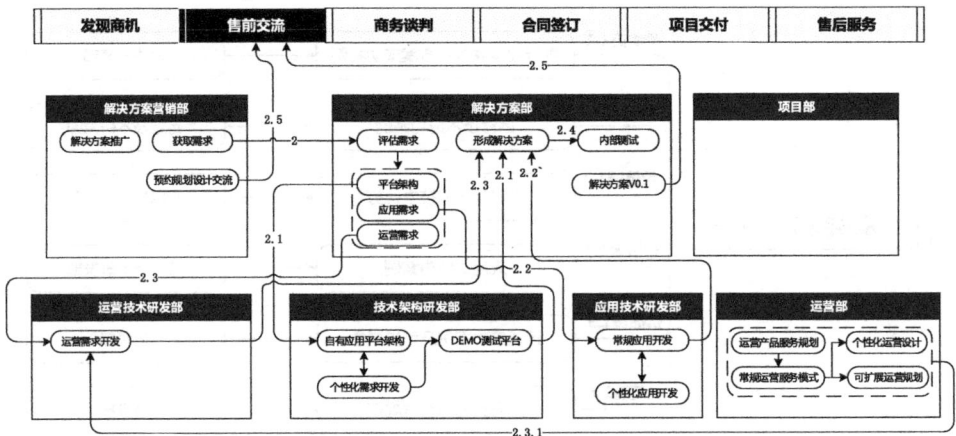

图 5-15　售前交流的价值流

<价值流 2、2.1、2.2、2.3、2.4、2.5> 解决方案部根据销售人员输入的客户需求，主导企业内部资源，完成有针对性解决方案的设计与测试，并与客户达成一致。

解决方案部是该过程中的枢纽部门。首先要对销售人员传递的客户需求进行全面解读，并将需求拆解及传递给技术中台部门（价值流 2.1、2.2、2.3），进行开发与可达成性评估。最终完成整体解决方案各个模块技术的集成与测试。

在此基础上，协同销售人员（预约与客户技术交流的时间，价值流 2.5）完成与目标客户的技术交流，并最终确认整体解决方案的架构及内涵。

在该过程中，解决方案部既是组织者，也是技术可实现性的评估者，每个模块的技术方案在整体解决方案中起到的作用和相互之间的兼容性，对未来整体解决方案的价值都将有巨大影响。

<价值流 2.1> 技术架构研发部，根据解决方案部提供的客户技术架构的设计需求，负责评估现有可复用架构，以及需要补充完善的设计要求，按时完成技术架构的开发及测试版。

<价值流 2.2> 应用技术研发部，根据解决方案部提供的客户应用技术需求，负责评估现有可复用技术，以及需要补充完善的个性化应用开发需求，按时完成开发任务及测试版。

<价值流 2.3、2.3.1> 运营技术研发部，根据解决方案部提供的客户运营技术需求，负责评估现有可复用技术，以及需要补充完善的开发需求，按时完成运营技术需求的开发及测试版。

在该过程中，运营部以往项目的运营模式，以及可扩展模式的成功经验（价值流 2.3.1），是保证运营技术方案研发快速交付的关键。

上述三个环节是支撑解决方案部能够准确和快速地实现满足客户需求的关键支撑要素，也是评估未来解决方案可复用技术，以及需要新开发任务工作量的管理过程。

解决方案类的业务在售前交流过程中从客户需求到技术可实现的最终确定，是一个多次反复的过程。其中，对企业原有样板客户的考察等交流活动是非常重要的环节，是能够让客户真实体验企业价值的过程。

每个中台支撑部门的响应速度是挑战该类企业组织效率的关键要素。在这个过程投入的精力和资源越充分，整体项目后期实施的效率就会越高（尽可能地减少开发需求的变更），因此不论是从销售执行的角度，还是从技术准备的角度，都值得管理者关注和支持。

过程三　商务谈判的价值流（见图 5-16）

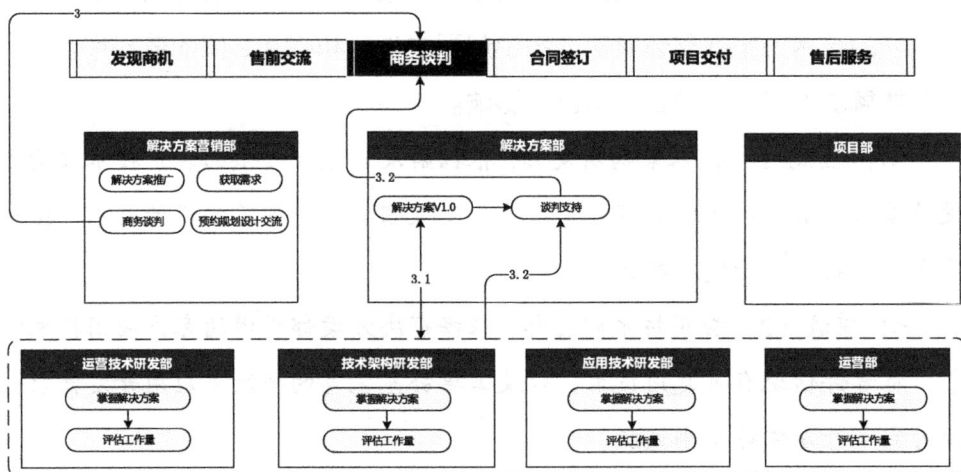

图 5-16　商务谈判的价值流

<价值流 3> 销售人员，根据售前交流确定的整体解决方案框架，负责组织完成与客户端的商务谈判，以及招投标的实施过程，实现项目的顺利中标。

通过前期的项目交流，在满足客户需求的前提下，销售人员要进一步推进项目的招投标实施，并做好招标前的准备，以及招标过程中所有资料的准备。

为了保证项目投标的顺利进行，销售人员要时刻关注评标委员会的各方代表对项目的关注点（功能、质量、成本、运营、服务等）以及决策影响力。针对这些关注点，销售人员要整合并衔接企业内部的技术资源，做好前期的应对措施。同时，要关注竞争对手在该项目中的参与度，以及在客户端的影响力等。对这些信息和资源的管理，是销售管理者在商务谈判过程中的常规管理。

<价值流 3.1> 解决方案部，根据与客户确定的解决方案整体框架与内涵，协同中台技术支撑部门，做好整体项目实施所需的资源准备，为销售人员的商务谈判做好数据支撑。

解决方案部在与客户确定整体解决方案之后，要将解决方案的需求传递给企业的中台技术支撑部门，并协同他们完成项目开发实施的资源准备，以及成本评估。这些数据是销售人员在商务谈判过程中所必备的，同时，也为项目真正落地之后准备后端资源提供指导。

<价值流 3.2> 解决方案部，根据销售人员的需求，积极配合销售人员完成商务谈判中涉及的技术方面的支持以及工作量的概算。

在这个过程中，解决方案部是与销售人员接触最密切的部门，也是后端所有支撑资源的总协调部门。除了技术方面的问题解答与咨询，最重要的工作内容是根据确定的解决方案，组织后端资源进行详细的报价准备，为前端销售人员的商务谈判提供数据支持。

过程四　合同签订的价值流（见图 5-17）

<价值流 4、4.1> 销售人员，根据项目中标的内涵要求以及双方的承诺，组织完成项目合同的签订，明确双方的责任和义务。

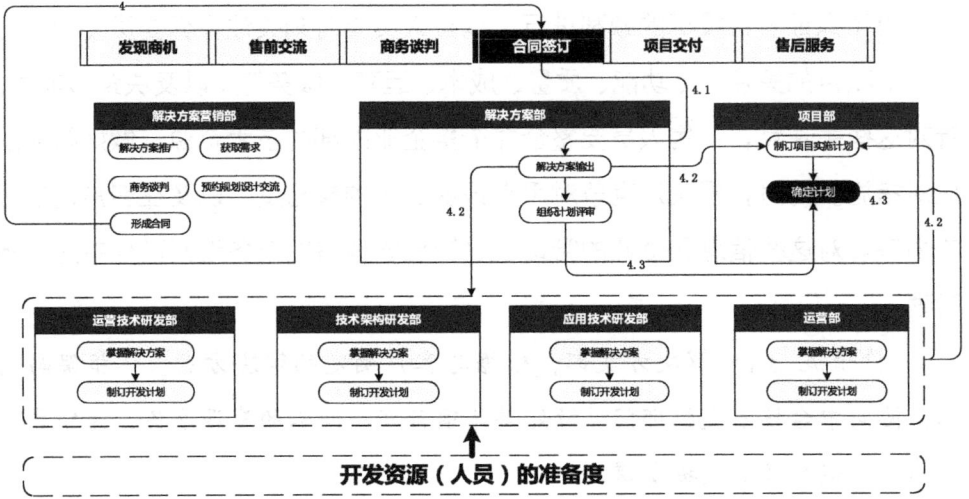

图 5-17   合同签订的价值流

该过程是以销售人员为主导的过程，最终目的是实现企业与客户之间的项目签约。销售人员需要注意，在项目技术交流过程乃至投标过程中，双方约定的所有内容均需要进行再次确认，其中涉及的技术内涵，需要解决方案部提供必要的支持（价值流 4.1），保证合同内容的真实、可靠。

<价值流 4.2、4.3> 解决方案部，根据中标的项目内涵以及合同约定，针对相关部门下发解决方案的整体要求，并以项目部为核心组织制订并确认详细的项目实施计划。

合同签订之后，解决方案部要组织协同企业中台的业务部门，针对项目的整体要求和实施标准，进行详细实施计划的设计与规划。在该过程中，通常是以项目部为核心，进行整体计划设计与评估管理，解决方案部是组织实施的牵头部门。中台技术支撑部门根据项目技术要求，对原有可复用的技术资源以及需要新开发的工作量进行充分论证之后，最终确定项目分模块的开发交付时间，以及相关资源需求。在此基础上，通过各个部门之间的协同评估，最终确定可实施的项目整体计划。

在这个过程中，人力资源的准备度是项目顺利进行的关键。新开发需求的工作量越少，对人员需求的压力就越小；原有技术的可复用度越高，对人员需求的压力也越小，这就是该业务形态的特殊属性。所以，加强可复用技术的管理是该业务形态运营管理的关键。

【案例启示】

客户导向型业务的销售执行过程是企业综合运营管理能力体现的过程，与产品领先型业务相比，这个过程绝非销售人员自身能够完全主导的。因此，选择该业务形态的企业在运营管理上的重点是，建立强大的组织内部协同机制，同时，建立并规范组织前后端之间的信息流标准，这是提升协同效应的重要管理手段。

快速反应型业务销售执行案例解读

【案例背景】

这是一家以健康体检为核心业务的企业，通过专业化的医疗服务，以为客户提供健康诊断以及健康管理建议为目标的企业。

该企业的销售业务模式为直销。在销售执行的过程中，该企业在客户端通常会面对四类人群。

- 招标组织者。通常是企业的人力资源管理者，或者是工会、办公室等相关负责人，主要负责供应商的筛选和组织招投标的管理。
- 项目体验者。企业的员工代表，是未来项目的具体体验者，代表员工参与项目评估。

- 参与评标者。通常是企业相关主管部门的代表，如财务、采购等。他们的主要责任是从企业整体以及分管业务的角度参与对供应商的评价。
- 决策者。该项目招标结果的最后审批者。

【销售执行过程分析】

过程一　发现商机的价值流（见图 5-18）

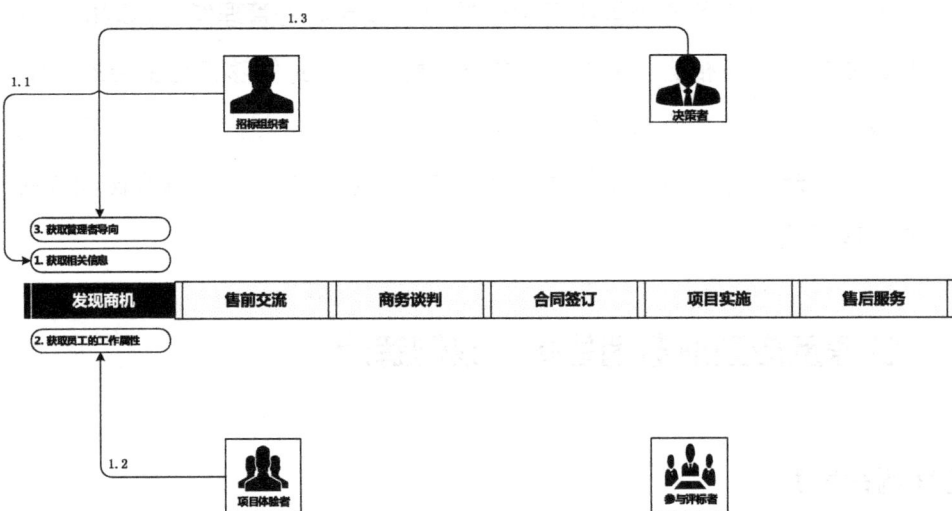

图 5-18　发现商机的价值流

<价值流 1.1> 从客户的招标组织者获取围绕本次项目合作的相关信息。

通常，销售人员在首次拜访的过程中，需要从客户的招标组织者获取对方对本次项目合作有价值的信息，如计划与预算、人员数量、男女比例、年龄结构、平均单价期望、竞争对手、原有服务商等。这些信息不仅会对未来项目方案的设计与提供带来价值，也可以让企业看到客户与原有服务商之间的合作情况，对下一步准备的竞争策略带来价值。

<价值流 1.2> 通过客户端招标组织者的介绍，获取未来项目体检者的工作属性。

工作属性与员工的健康有着密切关系。如果能够获取项目体验者的常规工作方式，以及潜在的健康风险等信息，那么对未来方案的设计与提出将带来特殊的价值，让方案更具针对性。

<价值流 1.3> 从企业的决策者获取客户对本次项目的价值导向信息。

健康体检服务对于任何客户来讲都具有相同的属性，但是，每个客户对于服务的价值导向会有所不同。例如，有的客户非常重视专业化的服务质量和医疗质量；有的客户更关注服务的时间安排以及人员接待量；有的客户关注价格，因为受制于预算的额度等。销售人员如果在首次拜访中能够见到决策者，并能够获取类似的项目导向信息，那么对于接下来的项目交流以及企业竞争力的展示，将起到重要作用。

上述三个价值流是销售人员评估客户是不是真正目标客户的关键业务过程，也是为后续项目方案的交流做好准备的过程。

过程二　售前交流的价值流（见图 5-19）

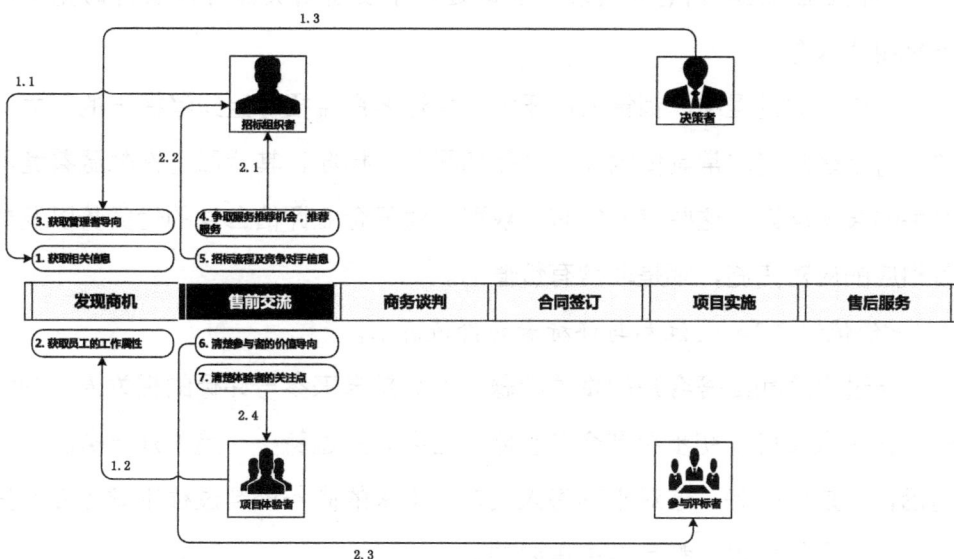

图 5-19　售前交流的价值流

<价值流 2.1> 销售人员要争取到介绍企业产品和服务的机会，并保证交流时间的充足和客户参与交流人员的齐全。

销售人员在初步判断目标客户是潜在客户的基础上，要与客户的招标组织者沟通确定，给企业提供可以进行产品和服务推荐的机会。这是展示企业竞争力以及产品和服务优势的重要机会，也是在进入正式招标之前，便于双方进一步明确可合作方向及内涵的关键环节。

在该过程中，销售人员一定要注意，首先，推荐的时间要保证相对充足，这有利于企业进行全面的实力展示，以及针对客户提出的疑惑有充足的时间进行交流；其次，要争取到客户端参与交流人员的相对交全，如未来参与评标的成员，未来体验产品和服务的员工等，这有利于清楚客户端不同人群对该项目的诉求；最后，根据确定的产品和服务推荐时间，以及客户端参与的人员，销售人员可以整合企业的相关医疗专家，做好推荐资料的准备以及相关问题的应对措施。

<价值流 2.2> 销售人员在交流的过程中要密切关注可以获得的竞争对手的相关信息。

在交流的过程中，销售人员要密切关注客户端招标组织者提出的相关问题，特别是那些非常具体的关于产品和服务的标准，其背后也许隐藏着竞争对手的某些承诺。这些信息的有效获取，对于企业评估自身的优劣势以及准备相应的应对措施，都是非常有价值的。

<价值流 2.3> 关注参与评标者的价值诉求。

通过交流和回答客户的相关问题，尤其是未来参与评标的相关人员的问题，销售人员可以初步看到客户整体价值导向的趋势——是关注服务质量、内涵，还是价格等。这对于销售人员在接下来的商务谈判过程中做足应对措施、达成合作协议，都是至关重要的。

<价值流 2.4> 清楚未来项目体验者的关注点。

如果客户能够邀请未来项目体验者参与交流，那么销售人员一定要注意他们关注的重点，如痛点、爽点，以及品牌印象等。尤其是当他们提出企业过去在某些时候、某些地点出现过的负面新闻时，销售人员一定不要回避，要给出合理的解释，并强调企业对此事已经做出的管理改善措施等。回避问题是售前交流中的大忌，对客户、对企业都没有任何好处。

售前交流的最终价值是获取参与交流各方对企业提供的产品和服务的基本看法，同时判断出客户内部的相关人员对企业的基本印象及诉求导向，以便为接下来的商务谈判做好准备。

过程三　商务谈判的价值流（见图 5-20）

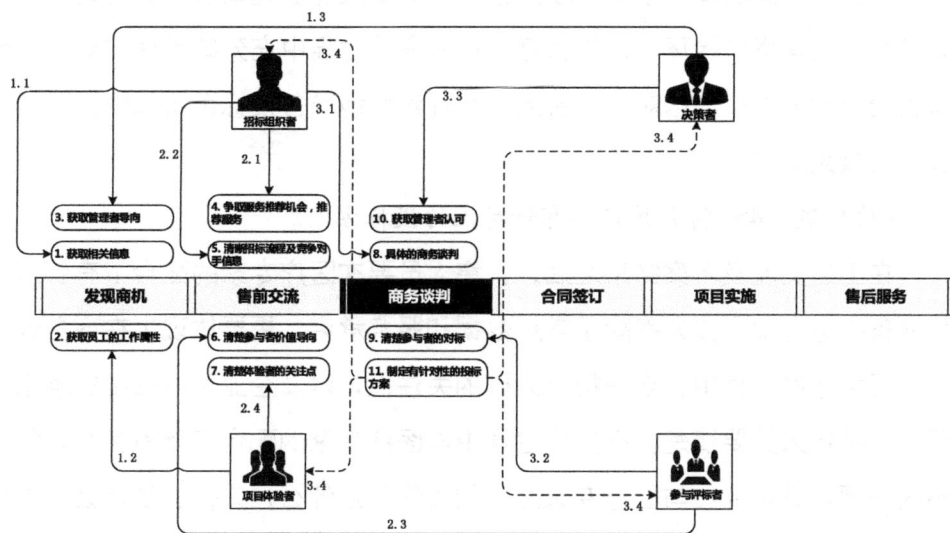

图 5-20　商务谈判的价值流

<价值流 3.1、3.2> 完成与客户端招标组织者的商务洽谈，做好投标前的准备。

在这个过程中，销售人员一般要与客户端的两类人员进行交流：一是招标组织者，与其商谈的核心内容是合作项目的人数/分类确定、订单内涵、服

务承诺、实施要求等关键信息；二是企业的相关管理部门，与其确定投标的注意事项、付款政策等关键内容。同时，销售人员也需要探究客户对竞争对手的态度，以及客户对企业与竞争对手之间优劣势的对比态度，这都是未来投标资料准备的关键信息输入。

＜价值流3.3＞ 通过现场考察的方式，让客户端管理者以及相关人员感受到自身服务的专业性。

医疗服务的专业性和科学性是该业务形态的核心价值体现。企业在体检环境、设施设备、诊断方式等方面都要满足行业的基本管理标准，同时要让客户看到医疗专家的配置，以及设施设备的先进性。因此，现场考察的方式是体现企业价值的重要营销手段。销售人员如果能够邀请客户的管理者及相关代表实地考察体检环境，那么可以在考察的过程中充分感受客户对未来合作的期望和关注点。这对于销售人员有针对性地准备投标资料和相关承诺事项意义重大。

＜价值流3.4＞ 制定并完善有针对性的投标方案。

在上述交流及考察结束之后，销售人员要在医疗专家的配合下有针对性地准备投标方案。该方案除了常规数据和服务承诺，更要体现出在商务谈判以及现场考察过程中，客户每类人群的关注点，以及企业可以做出的承诺。同时，销售人员要清楚，在投标过程中与医疗专家的配合点都有哪些，针对不同问题，销售人员与医疗专家之间的责任都是什么，口径都是什么。这些都是体现企业内部合作效率的关键。

过程四　合同签订的价值流（见图5-21）

＜价值流4.1＞完成与招标组织者的合同签订，明确双方责任和义务。

在合同签订的过程中，销售人员除了常规的信息确认，还要特别关注项目实施的方式。因为有的项目需要到体检中心实施，有的项目需要到客户现场实施，所以针对不同的人群以及实施方式，一定要在合同中进行明确的约定。同时，还需要关注针对人数众多的服务，人员的实际到检时间，以及与企业自身可服务资源的匹配度问题。如果匹配度不高，那么不论是服务的质量，还是客户的体验感，都不能达到预期。因此，上述信息以及注意事项必须在该过程中与客户的招标组织者达成初步共识。

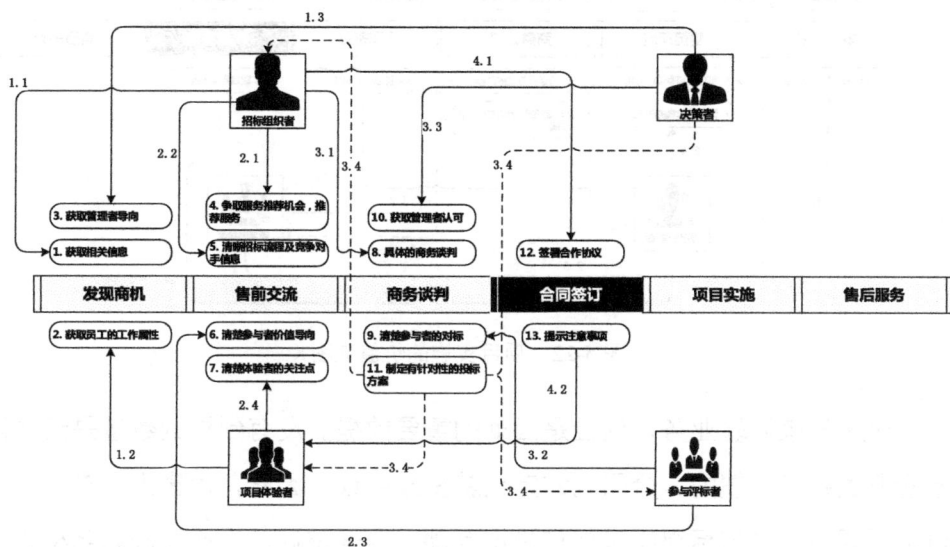

图 5-21　合同签订的价值流

<价值流 4.2> 针对未来的项目体验者，提供翔实的注意事项。

在体检行业，服务体验的前期准备是该业务形态非常特殊的要求。销售人员的价值是在合同签订时，协同医疗专家，为未来的项目体验者提供必要的注意事项。这些都是体现企业服务价值及结果保证的重要准备工作，而且需要将信息及时、准确地传递给每个项目体验者。

过程五　项目实施的价值流（见图 5-22）

<价值流 5.1>与客户招标组织者密切配合，保证项目顺利实施，以及回款的计划确认。

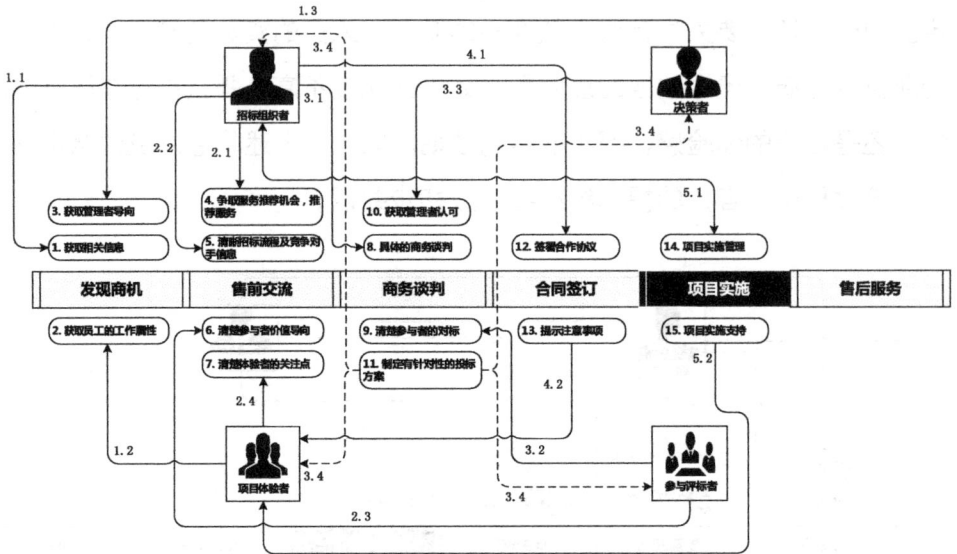

图 5-22　项目实施的价值流图

对于健康体验业务，到检是回款的重要前提。没有到检的数量是无法衡量企业的销售业绩的，合同的约定也就变成空谈。因此，销售人员在合同签订之后要与客户招标组织者保持紧密互动，准确统计、反馈及确认到检人员数量。这是项目实施过程中销售管理的重要任务。

<价值流 5.2>　密切关注项目体验者的体验过程，并及时解决在体验过程中遇到的各类问题。

在项目实施中，项目体验者通常会遇到预约不上、地点不清、时间不准等现实问题。销售人员及时的回复和协调是体现企业服务水平的重要管理任务。销售人员必须注意对项目体验者提出的问题，不能在自身乃至企业内部无人问津，否则不论是对企业，还是对客户的招标组织者，都将是不好的反馈。这是快速反应型业务必须管理好的服务内容。

过程六　售后服务的价值流（见图 5-23）

<价值流 6.1>根据客户的体验结果，及时做好报告解读和反馈。

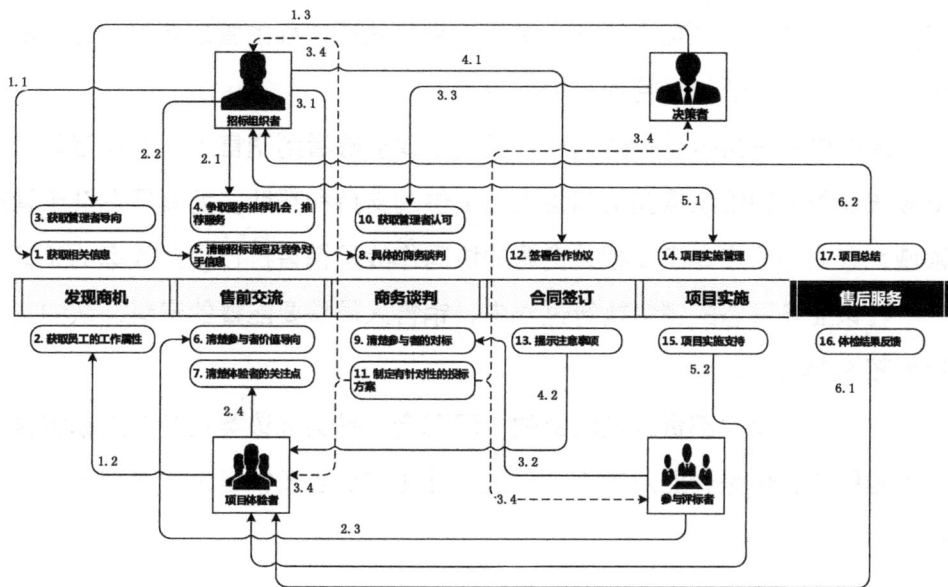

图 5-23　售后服务的价值流

每个体检客户对于自身的健康情况都有知情权，健康体检结果的专业解读是该行业服务的重要环节，也是体现企业专业化管理水平和服务水平的重要衡量标准。因此，在阶段性的体检报告出来之后，企业要针对出现的问题进行重点、及时的跟踪反馈，同时要做好个人信息的保密工作（行业规范）。在项目整体结束之后，销售人员要与客户招标组织者协调时间和场地，协同企业的医疗专家，到客户现场进行专业解读。

<价值流 6.2> 根据企业整体体检结果及项目实施情况，向企业组织者进行全面汇报。

在项目顺利结束之后，销售人员要及时总结本次项目实施过程中出现的各类问题，以及问题解决的结果，通过数据展示，向客户的招标组织者及相关人员做一个简要总结，并征求客户对本次服务的评价。这不仅体现了我们对客户的重视，也为下一步销售创造了机会。

我们通过对上述销售执行的 6 个关键业务过程、17 个价值流以及对应的

17 个销售动作，全面描述了该业务形态销售执行过程的管理要素，这也是销售执行过程中必须加以管理的销售行为。

通过对销售执行过程的描述，我们不仅能够看到销售人员的规定动作，更应该看到营销组织需要给销售人员提供的支持和帮助。尤其是在健康管理领域，专业的医疗专家及相关资源的协同作战是销售执行提升效率的关键。

在该业务形态的销售执行过程中，销售人员需要配置的资料、认知及支持如图 5-24 所示。

上述 26 项内部资源及内部的协同配合，是实现该类业务形态销售执行的关键所在，也是企业对销售人员进行强化培训以及销售过程管理的支撑资源。

【案例启示】

快速反应型业务，除了在订单实现之前，与其他业务形态还是有很多相似之处的。更多的差异点是在产品/服务交付的环节，与体验者之间的服务互动和疑难解答，这是提升销售执行效率和结果的关键。健康业务是具有很强医疗专业属性的业务，也是相对比较复杂的快速反应型业务。但不论是哪种类别，在该业务形态的销售过程管理中，都少不了其他部门的协同效应。

本章小结

价值传播是企业面向客户传递产品/服务价值和品牌价值的过程，更是一个系统化营销运营管理的过程。

- 营销战略管理，是企业战略管理的分支，要求具备规范的管理流程。
- 营销规划管理，是基于市场调研及企业营销定位，实现目标规划与组织规划的管理过程。

- 营销策略管理，是服务于营销战略、指导销售执行的中枢神经。
- 销售执行管理，是基于发现商机、售前交流、商务谈判、合同签订、产品交付（项目实施）、售后服务六个关键业务过程，合理匹配资源并实施管控的过程。

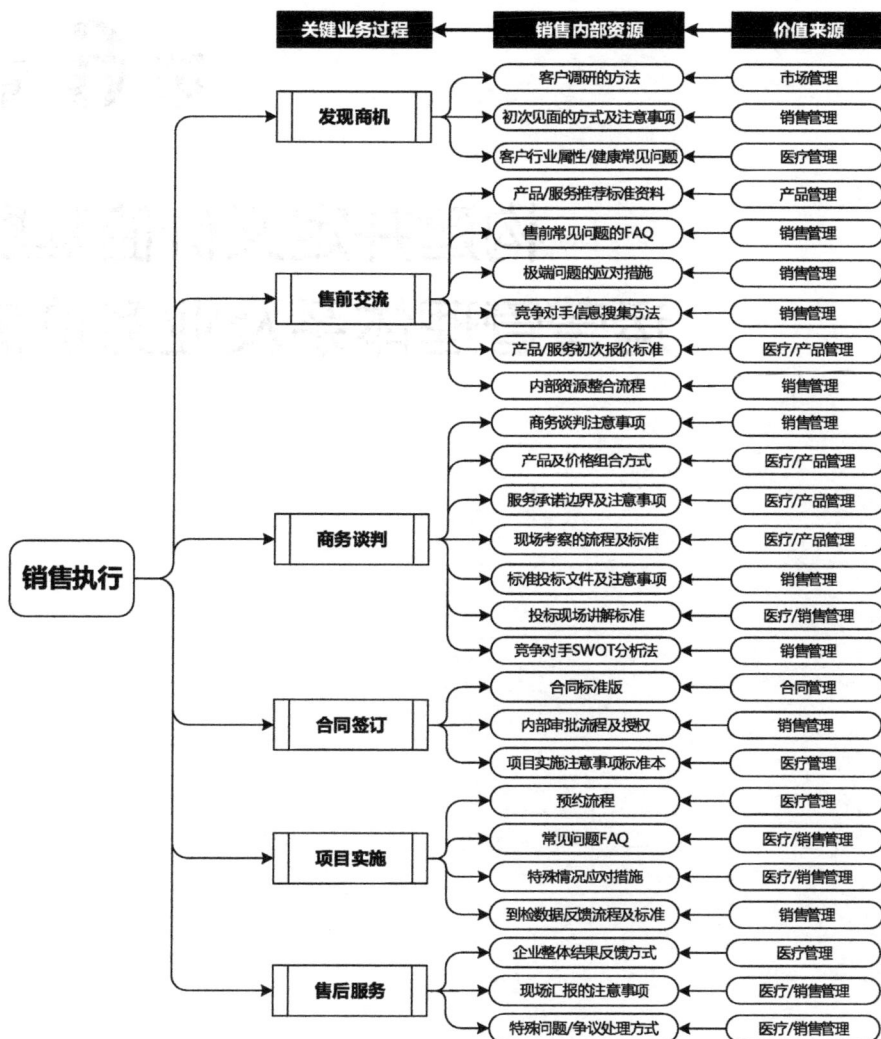

图 5-24　销售内部资源及内部支持

第 **6** 章

构建并定义价值延展
运营管理体系及业务价值

价值延展是企业价值流循环的最后一环，是产品和服务价值完整交付的闭环阶段，也是新价值诞生的开始阶段。

价值延展运营管理体系的搭建必须从正确理解"延展"二字开始。

延展包括延长和伸展两层含义。延长意味延长产品和服务价值的生命周期；伸展意味着在产品和服务原有价值基础上，为客户带来的价值扩展，也称产品和服务价值的增值管理。

两种不同的价值导向决定了企业价值延展运营管理体系搭建的初衷和内涵有着完全不同的定义。从运营管理的角度，可以将价值延展运营管理体系归纳为售后服务与增值服务两种运营管理体系。

价值延展运营管理体系的核心内涵与管理追求

1. 什么是售后服务

售后服务是在价值传播（产品销售）之后，为客户提供的各种服务活动。例如，为消费者安装、调试产品；根据消费者要求，进行有关使用等方面的技术指导；保证维修零配件的供应；负责维修服务，并提供定期维护、保养；为消费者提供定期电话回访或上门回访；对产品实行三包，即包修、包换、包退；处理消费者来信来访，以及电话投诉意见，解答消费者的咨询；用各种方式征集消费者对产品质量的意见，并根据情况及时改进。

售后服务的价值体现，在客户端是以服务的响应速度、服务质量和客户的满意度为目标的运营管理追求，其核心是以标准化为驱动的运营管理模式；在企业端的运营管理追求是，通过客户对产品/服务的体验反馈，针对发现的功能和质量缺陷，快速在组织内部传递信息、促进改进。

售后服务是客户关系维系的核心基础。

2. 什么是增值服务

增值服务是在售后服务基础上，为客户提供更加多样化、满足不同客户的个性化服务。

增值服务有两种不同的运营管理模式：一是在原有产品和服务的基础上，通过客户对产品和服务体验之后的反馈产生的新需求，企业能够快速应对；二是在原有产品和服务的设计之初，通过研究客户在产品和服务体验之后的前瞻性的设计与规划，企业能够满足客户的潜在需求。这两种模式在增值服务运营管理体系中是相互促进、相辅相成的。对客户产生的新需求的趋势和周期管理越细、研究越深，对前瞻性的潜在需求的挖掘就越主动，与客户之间的黏性就越牢固。

增值服务的价值体现，在客户端是以需求的响应速度、服务质量和客户的满意度为目标的运营管理追求，其核心是服务创新；在企业端是以围绕增值服务的资源建设的完备性、经济性，以及前瞻性增值服务设计与规划的能力为追求的运营管理目标。

增值服务是客户关系发展（增值收入）的重要手段。

三种不同业务形态价值延展运营管理体系的内涵与实质

售后服务和增值服务是所有企业必须重视的运营管理体系。俗话说，打下江山靠研发和销售，守住江山靠服务。由此可见，价值延展运营管理体系是非常重要的。这三种不同业务形态的价值延展运营管理体系的内涵与实质以及在组织中的协同资源，都存在着很大不同。

1. 产品领先型业务

1）价值传播与价值延展的衔接关系

价值传播运营管理体系包含的售后服务指的是销售的售后服务。价值传播与价值延展两者既有联系，又有区别（见图6-1）。两者是在产品正式交付之后、客户开始使用时切换过来的。

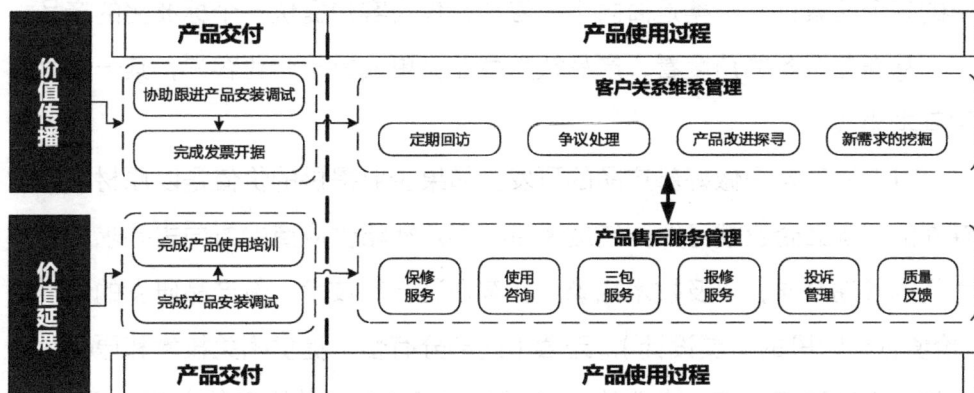

图 6-1　价值传播与价值延展的衔接关系

（1）联系点。在产品交付的过程中，销售人员要与客户及企业后端供应链进行实时的信息互动和资源准备，保证按照销售合同的约定，按时完成产品安装、使用培训等关键业务过程。只有这样，销售人员才能实现一个订单的完整交付，企业的收入才会正式形成。

（2）区别点。在客户进入产品常规使用阶段后，价值延展运营体系将按照售后服务的承诺及管理规则，为客户提供全面的、专业化的服务体验；而价值传播的售后服务是通过与售后服务运营管理体系的实时信息互动及定期客户回访，充分掌握客户对产品的使用情况、重大争议处理的过程及结果、跟踪关键服务行为等真实信息，实现客户关系的维系。

维系客户关系、挖掘潜在需求是销售售后服务的关键目标。

提升服务的响应速度、保证服务质量、提升客户服务满意度是产品售后服务的关键目标。

2）增值服务的主要方式与资源协同

产品领先型业务是以标准化产品为交付结果的业务模式。通常情况下，该业务形态有两种目标客户：一类是面向企业客户，提供标准化的有使用功能的产品，如机器、设备等，或者提供某种原材料，成为客户自身产品价值中的某个元素；另一类是面向个人客户，仅为客户提供一个标准化的产品。

从增值服务的角度看，产品领先型业务更偏重于企业客户，其一般有两种基本模式。

（1）协助客户做好新产品的研发。如果企业提供的价值是以原材料方式存在的，那么企业就可以围绕成为目标客户战略供应商的方向去寻求与客户之间的长期合作，以及技术捆绑。在客户进行新技术、新产品研发的过程中（价值创建阶段的概要设计），无偿（或部分有偿）提供相关技术和原材料的支持。在这种模式下，企业的技术/研发组织将是增值服务的主要协同资源。

（2）与客户共享行业供应链的相关信息。随着供应链理论的发展与实践，越来越多的企业已经清醒地认识到，每个企业都是行业供应链中的一分子，只有实现端到端（从客户的客户到供应商的供应商）的更多连接，才能让自身在行业乃至产业供应链中看到更多的发展空间。企业如果愿意建立这种连接，那么最基本的信息共享就是为客户提供增值服务的具体表现。在这种模式下，企业内部的市场管理以及技术管理将是该类增值服务的主要协同资源。

从上述两种增值服务的内涵来看，产品领先型业务的价值延展运营管理体系，在增值服务的管理范畴内已经远远超出了产品本身的服务，而属于企业与客户之间战略合作的运营管理。

2. 客户导向型业务

客户导向型业务通常包括定制化产品和解决方案两种业务模式。定制化产品的价值延展运营管理体系，不论是与价值传播运营管理体系之间的切换，还是从售后服务和增值服务的主要方式上，都与产品领先型业务具有高度的一致性。定制化产品和产品领先型业务唯一的区别在于，针对不同的定

制化产品，承诺的服务会略有差异。但是，解决方案在售后服务和增值服务上有着很大区别。

1）售后服务的内涵与价值

在解决方案这种业务模式中，最典型的是软件解决方案类业务，即通过软件解决方案和硬件辅助设施的结合，满足客户的定制化需求。

该类业务的常规售后服务（在解决方案验证交付、使用培训结束之后的服务）如下：

- 远程电话支持。指导客户解决出现的技术故障。
- 远程连接服务。在客户的授权下，通过远程连接进入客户的系统，帮助客户解决技术问题。
- 现场服务。在客户的授权下，进入客户的系统，定期检查系统的稳定性及预期可能出现的技术故障，帮助客户做好前瞻性预防。
- 定期回访。按照服务承诺，定期到客户现场端，集中处理解决方案出现的问题。
- 解决方案的定期升级。根据合同的约定，定期完成对解决方案的软件升级。
- 应急解决方案。在原有解决方案的容灾容错的基础上，根据客户的需求，建立应急响应的技术团队，保证客户软件解决方案的正常运行。

上述服务是在软件解决方案类业务中常见的基础服务，通常是免费服务。

该类业务的售后服务价值主要体现在服务的响应速度和技术能力（由于个性化需求的比例较大）两个方面。

2）增值服务的内涵与价值

在解决方案这种业务模式中，增值服务主要来自两种不同的服务场景。

第一种场景，在常规售后服务的过程中，发现客户新的需求，如功能的扩展、工具模板的开发等，由此引发新的价值传播而带来的新订单。

第二种场景，在解决方案交付之后，为客户承担解决方案运营管理的服务，如运营数据分析、数据备份、常规运维等增值服务，是付费服务。同时，也会产生第一种场景的新需求，并形成新的订单收入。

上述两种场景所产生的增值服务，其价值主要体现在企业对目标客户的业务模式的理解，以及技术能力的专业性和可实现性。

3. 快速反应型业务

快速反应型业务是以交付一种服务为基础的业务模式，如连锁超市、快递业务、健康体检中心等。在价值交付的过程中，其基础服务包括很多，例如，连锁超市的免费购物袋及免费停车服务等；快递业务中的免费包装，或者上门取货等；健康体检中心的免费报告解读、医疗健康建议等。类似的基础服务原则上在价值创建和价值传播阶段都是已经明确的内容。

在增值服务运营方面，该类业务有很多不同的地方，而且方式方法是多样化的。以连锁超市为例，将过去单独售卖的食品进行组合，形成个性化食品套餐；将原来单卖的蔬菜，清洗、包装成一种菜品等。这都属于增值服务的管理范畴。所以，在快速反应型业务中，增值服务构建的源泉是服务客户的群体性因素，当某一个需求达到一定规模时，企业就需要考虑增值服务的设计与运营了。

通过对上述三种业务形态价值延展的内涵与实质的分析，可以清楚地看到，业务形态的不同，对于价值延展运营管理体系搭建的要求以及业务价值的定义也是不同的。三种业务形态价值延展管理内涵如表 6-1 所示。

表 6-1　三种业务形态价值延展管理内涵

| 价值延展内涵 | | 产品领先型业务 | 顾客导向型业务 | | 快速反应型业务 |
			产品类	解决方案类	
售后服务	核心内涵	基础类服务	在价值创建阶段建立"围绕产品及解决方案的服务承诺"		
		运营类服务	无	无	在价值传播阶段建立	无
	业务价值		响应速度/服务质量			
	协同业务		技术资源/市场资源	技术资源/市场资源	技术资源	供应链资源
增值服务	可拓展范畴		战略层面(战略供应商)	战略层面(战略供应商)	运营服务、新需求拓展	个性化需求满足
	业务价值		战略合作伙伴	战略合作伙伴	成为行业专家	建立与客户之间的黏性
	协同业务		技术资源/市场资源	技术资源/市场资源	技术资源	供应链资源

典型售后服务运营管理体系的搭建及业务价值定义

在价值延展运营管理体系中,最典型且最具有规范要求的是产品领先型业务的售后服务运营管理体系。

下面以大型医疗设备企业为例,全面构建售后服务运营管理体系及业务价值的定义。

通常,大型医疗设备企业的售后服务运营管理体系的组织架构(见图6-2)及职责如下:

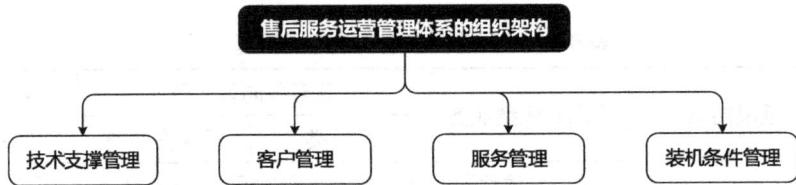

图 6-2　售后服务运营管理体系的组织架构

- 技术支撑管理。根据新产品导入的标准，负责服务规范的建立，以及员工技能培训；根据产品服务过程中出现的技术问题，负责提供相应的技术解决方案；根据产品现场服务的有关情况及相关数据，负责收集整理产品可服务性改善建议，以及产品创新建议；负责产品重大更改的组织实施工作等。

- 客户管理。根据企业的服务策略，负责售后服务活动的策划、组织与实施；负责呼叫中心业务处理，以及各类客户数据整理分析；负责客户满意度调查工作；负责企业内、外部投诉处理及跟踪管理等。

- 服务管理。根据销售订单及服务订单，负责销售产品的安装、调试、维修、保修等现场售后服务、服务营销活动的组织实施；负责收集客户的反馈信息，协助客户管理和技术支撑管理实施客户抱怨处理活动等。

- 装机条件管理。根据设备的安装要求，负责特殊产品安装场地的评估以及安装条件的设计与实施，保证产品安装环境的规范性并符合技术要求的标准。（备注：在医疗设备业务领域，对磁共振设备必须做装机条件准备。）

通常，大型医疗设备企业的售后服务运营管理体系包括服务导入、产品交付、常规售后服务、投诉处理四个关键业务过程（见图 6-3）。

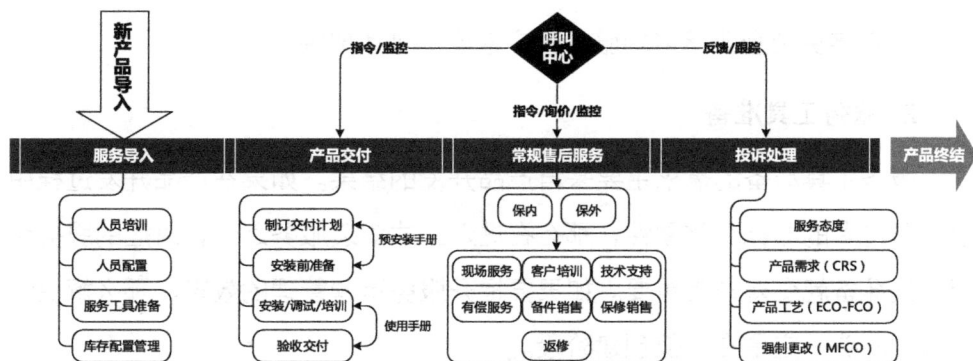

图 6-3　售后服务运营管理管理体系

【过程一　服务导入】

该过程的内涵在第 4 章的服务导入中已有详细描述。在服务导入过程中，技术支撑管理的价值是，产品安装标准、常规服务和保修标准的全面建立与培训，保证产品服务规范的可实施性。

从服务运营的角度，除了常规的人员培训还需要从人员配置、服务工具准备、库存配置管理三个方面进行筹划与准备。

1. 人员配置

人员配置是快速实现服务响应速度的关键驱动要素，也是售后服务运营管理体系的关键要素。

通常，在人员配置的过程中，需要考虑如下两个关键点：

- 可服务当量标准的建立。可服务当量，是指针对不同产品每个服务工程师年度可以完成的可服务订单的数量，包括安装调试、保修、有偿服务等订单的额定数量（与产品复杂度、服务能力相关）。该数据是服务工程师配置的关键。
- 可服务半径的定义。由于企业会设定客户服务的响应速度，因此对应区域范围内的产品销售数量、服务站点的设立、人员数量的配置，将直接决定企业承诺的服务响应速度的可达成性。

2. 服务工具准备

服务工具准备的需求主要来自产品开发的结果。如果在产品开发过程中设计了过多的非标准化零件，那么在进入正式安装服务之前，对应的服务专用工具准备就变得非常重要。如果要提升服务运营管理的效率，那么解决该问题的源头一定是在价值创建阶段。

3. 库存配置管理

库存配置管理也是售后服务运营管理体系的关键因素。

库存配置是指在前端服务站常规配件的库存标准。该标准不仅要与新设备的安装计划有关，也要与本地化的可服务产品的数量有关。在这些数据的支撑下，还要考虑常规备件以及特殊备件的库存计划和数量，这直接决定了企业的服务成本。需要注意的是，也许某类备件做了一定数量的储备，但是在未来相当长的时间内，该类备件并没有使用，而是成为服务库存，由此带来企业库存成本的增加。从售后服务运营管理的角度来看，这是企业服务策略的选择问题，是服务响应速度与服务成本之间的平衡问题。选择不同，投入的成本也不同。

上述三个方面的充分准备是售后服务运营管理体系的源头准备，也是后续常规服务的基础保障。

【过程二　产品交付】

产品交付是销售订单安全交付的关键业务过程，这不仅涉及服务管理的关键价值，更涉及组织内部协同资源的密切配合。因此，可以将产品交付再细分为制订交付计划、安装前准备、安装/调试/培训、验收交付四个子过程。

1. 制订交付计划

1）该过程的价值流（见图 6-4）

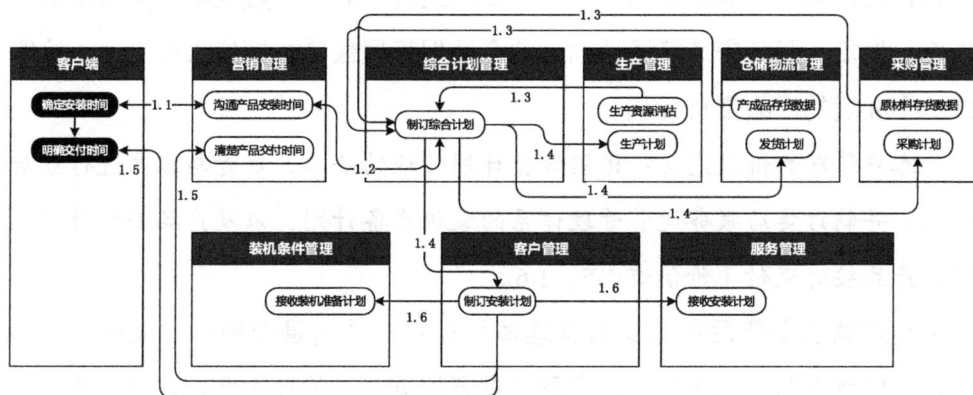

图 6-4　产品交付之制订交付计划的价值流

2）该过程各业务板块的价值定义

营销管理的价值定义：根据销售订单的合同约定，通过与客户管理和综合计划管理的沟通，最终确定产品交付的准确时间，保证订单交付计划的可靠性（价值流 1.1、1.2）。

在订单生成、合同签订之后，要承诺给客户交付产品的时间周期。销售人员要根据客户的现实情况，与客户确认产品的具体安装时间，同时与综合计划管理协调产品的可交付时间。这是一个反复确认的过程，一旦确认，企业就必须遵守计划的约定。同时，该计划也是企业产品交付的核心驱动力。

综合计划管理的价值定义：根据销售人员与客户确认的时间，协调企业内部产成品库存，以及现有生产交付能力（价值流 1.3），最终完成产品交付时间的确认，同时给生产、仓储物流、服务等相关业务板块下发综合计划管理的时间进度安排（价值流 1.4）。

综合计划管理是企业资源调动的神经系统，也是企业资源匹配、协调的中枢系统。综合计划管理的准确性，不仅影响着产品的交付进度，也影响着企业的库存成本、生产成本和采购成本。

最终确认的产品交付计划，是综合计划管理根据产成品、原材料的库存现状，在评估生产能力之后制订并下发的运营计划，一般包括原材料采购、生产、发货、服务安装等子计划。综合计划管理最终与销售人员沟通，给客户一个准确的产品交付计划。

客户管理的价值定义：根据综合计划管理的安排，负责与客户进行最后确认，并制订售后服务运营管理体系的装机准备计划，以及产品安装计划，保证产品按时交付（价值流 1.5、1.6）。

客户管理是售后服务运营管理体系与综合计划管理衔接的关键业务板块。在接到综合计划之后，客户管理需要根据产品的技术要求，完成售后服务运营管理体系装机准备计划以及产品安装计划的制订与下达。上述计划的制订与资源的协调，是售后服务运营管理体系资源匹配的关键，并最终传递给客户及销售人员，保证内外部信息的一致性。

2. 安装前准备

1）该过程的价值流（见图 6-5）

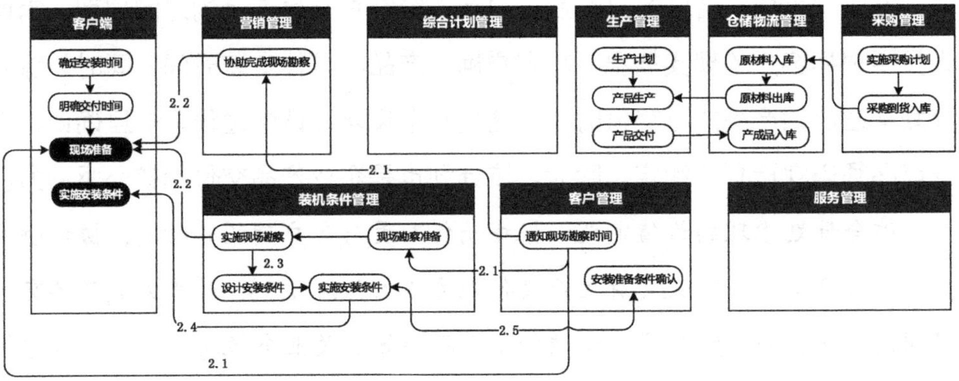

图 6-5 产品交付之安装前准备的价值流

2）该过程各业务板块的价值定义

在该过程中，由生产计划引导的产品生产交付过程，与价值传播阶段的产品交付过程基本一致，这里不再阐述。关键驱动力主要来自客户管理。

客户管理的价值定义：根据综合计划管理的安排，负责安排对客户产品使用空间的安装条件进行勘察，并跟踪装机条件的准备及实施进度，保证客户现场满足产品安装的条件，并跟踪后端的发货计划（价值流 2.1、2.5）。

客户管理下达的现场勘察计划，不仅要与客户确认完成时间，告知装机条件管理，更重要的是，要将该计划传递给销售人员。因为在产品安装完成之前，销售人员是企业与客户之间最重要的协调员，是避免企业与客户之间出现不必要矛盾的重要节点。

同时，客户管理要密切关注装机条件管理的准备进程，防止时间的拖延引发的发货延迟和安装延迟。

装机条件管理的价值定义：根据装机计划管理，完成对客户端产品使用环境的勘察，并设计、安装符合产品使用要求的客户端环境，保证产品交付的顺利实施（价值流 2.2、2.3、2.4）。

同样的产品在不同的客户端，由于使用环境的差异会对产品的使用性能和功能带来非常大的影响（尤其在医疗设备领域），因此装机条件管理是产品交付过程中最前端的技术准备，要从现场勘察、环境改造方案设计、设计方案实施、环境验收等环节，保证产品使用环境符合产品技术标准。

3. 安装/调试/培训

1）该过程的价值流（见图 6-6）

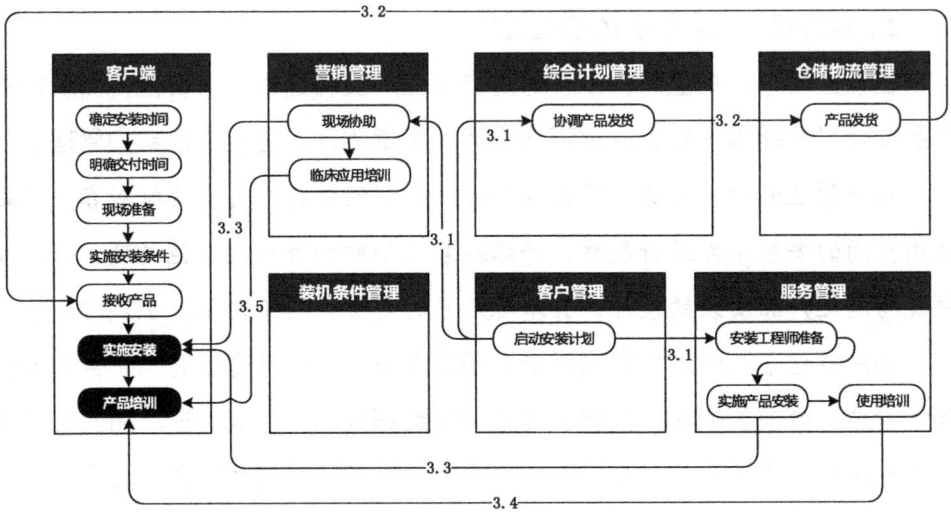

图 6-6　产品交付之安装/调试/培训的价值流

2）该过程各业务板块的价值定义

客户管理的价值定义：负责启动产品安装计划，并协同综合计划管理和销售管理，保证产品安装、调试的顺利进行（价值流 3.1）。

客户管理是该过程的驱动业务板块。其根据前期现场准备的结果，在企业内部发出相关信息：面向综合计划管理，申请启动产品发货；面向销售管理，申请协助产品安装；面向服务管理，下发产品安装准备通知。

综合计划管理的价值定义：根据客户管理的发货申请，协调仓储物流管理的发货资源，准时发货（价值流 3.2）。

在发货时间确定之后，综合计划管理要协调、跟踪物流发货时间，并准确告知客户及售后服务运营管理体系，确保产品到货以及后期安装的有效衔接。

服务管理的价值定义：根据产品安装计划，完成内部服务工程师的准备，以及必备资源的准备，按照产品安装标准，实施产品安装及产品使用的培训（价值流 3.3、3.4）。

在该过程中，服务管理需要注意的是，服务工程师到现场的时间与产品到货的时间的衔接，并完成开箱验收的相关工作，避免由于不相关人员在产品开箱验收过程中出现的差错（产品开箱之后发现问题）而带来的不必要麻烦。

最后服务管理根据产品安装步骤，准确完成产品安装，并对客户完成产品的使用培训。

营销管理的价值定义：根据产品安装计划，协助配合客户端做好安装的工作，并在产品安装及使用培训结束之后，完成产品的临床应用培训（价值流 3.3、3.4）。

通常，在医疗设备的安装/调试过程中需要客户的专业人员在现场进行全程支持，这些资源是需要销售人员来协调的。同时，在产品使用培训结束之后，营销管理要根据产品的使用性能和临床应用的方式，对客户端的专业医生进行临床应用培训，这是医疗设备类产品的特殊属性。

4. 验收交付

1）该过程的价值流（见图 6-7）

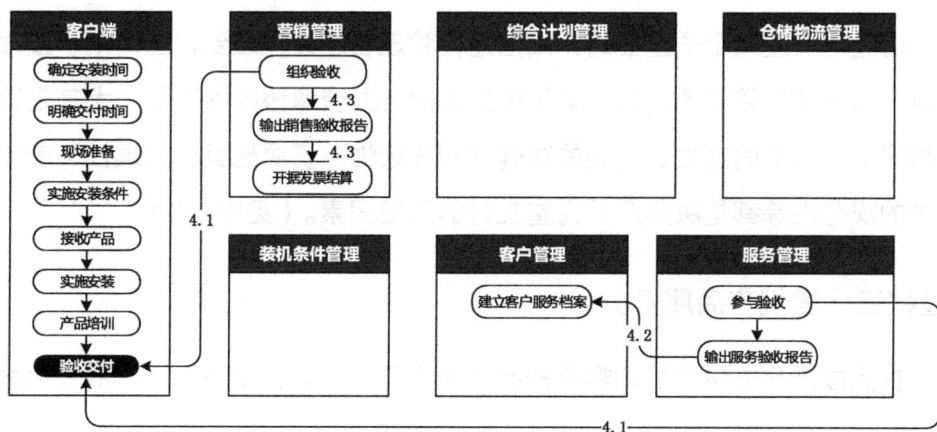

图 6-7　产品交付之验收交付的价值流

2）该过程各业务板块的价值定义

营销管理的价值定义：协同服务管理，组织完成客户对产品交付的验收工作，输出验收报告，开具正式发票，完成订单的完整交付（价值流 4.1、4.3）。

产品验收交付是完成订单的最后环节，也是产品销售的最后环节。销售人员要根据产品交付标准，协同服务管理，与客户对产品性能、安装调试、专业培训等方面进行全面评估，听取客户的反馈，以形成完整的产品交付报告，并开具发票，完成整个销售过程。

服务管理的价值定义：协同销售人员完成产品验收交付，并将相关信息传递给客户管理，建立客户服务的初始档案（价值流 4.1、4.2）。

在与销售人员共同完成产品验收交付之后，服务管理要形成翔实的产品安装交付报告，并将此信息传递给客户管理，为客户建立一个初始的服务档案。

验收交付是价值传播的收尾过程，更是价值延展的起始过程，也是与客户建立良好关系的基础过程。产品的真实价值在该过程中全面呈现在客户面前。

通过对上述四个子过程的详细描述，管理者应该注意到，这四个子过程绝对不仅是服务管理的过程，更是组织内部各方资源协同的过程，尤其是营销管理全面配合的过程。时间的准确性和连续性、资源配置的合理性、专业技术的规范性等都是决定产品完整交付的关键因素。（见图 6-8）

【过程三　常规售后服务】

在完成产品交付之后，客户开始使用产品，企业也就进入正常的售后服务过程。

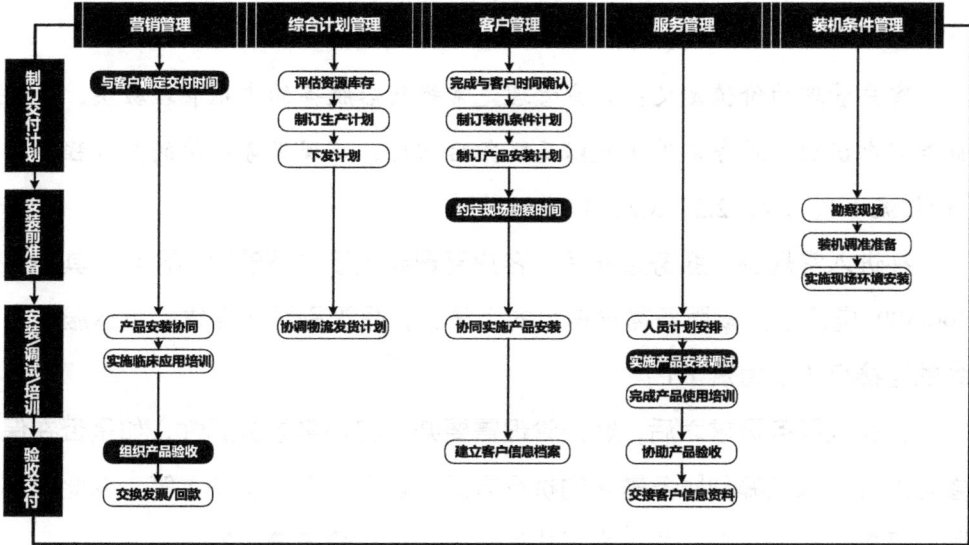

图 6-8 产品交付全过程

1. 该过程的价值流（见图 6-9）

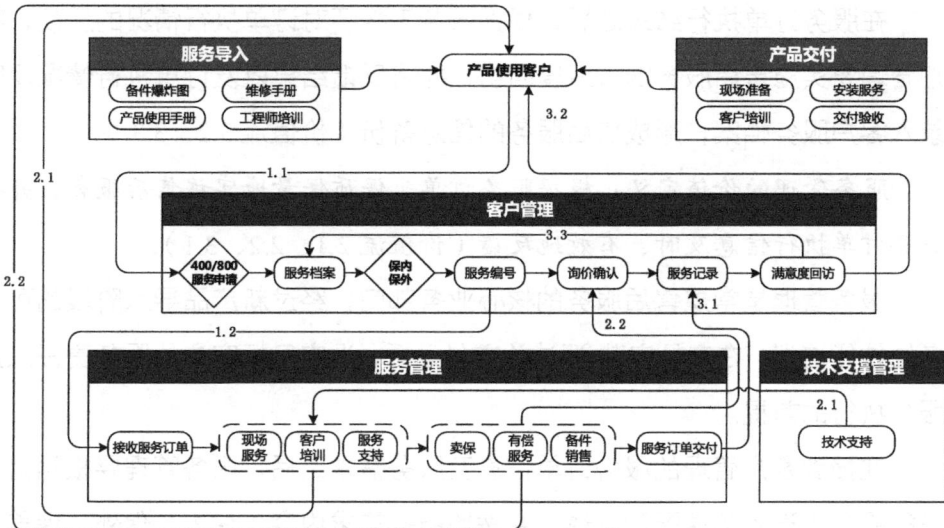

图 6-9 常规售后服务的价值流

2. 该过程各业务板块的价值定义

客户管理的价值定义：客户管理是常规售后服务的中枢管理板块，通过服务需求识别、服务订单下发以及服务后回访，实现服务订单的全过程管理（价值流 1.1、1.2、2.2、3.2、3.3）。

在进入常规售后服务过程后，客户管理起到了中枢管理的作用。其中，400/800 电话是获取服务需求信息的主渠道，是识别服务需求、下达服务指令的连接点（价值流 1.1）。

在获取服务需求之后，客户管理需要判断客户需求的属性，如是否在保修范围内，采取哪种服务需求的执行方式（现场、在线支持）等，以此作为服务订单生成的基准，并下发正式的服务订单（价值流 1.2）。

在服务订单执行的过程中，如果是非保内客户出现有偿服务、备件销售以及购买保修等需求，则需要通过客户管理进行价格的确认，这是企业保证服务价格规范化管理的根本（价值流 2.2）。

在服务订单执行结束之后，根据服务工程师对订单执行情况的反馈，客户管理要实施售后服务的满意度回访，并将反馈结果以及订单执行情况及时录入客户服务档案，形成售后服务的信息备份（价值流 3.2、3.3）。

服务管理的价值定义：根据服务订单，保质保量地实施售后服务，并将服务订单执行信息及时、有效地反馈（价值流 2.1、2.2、3.1）。

服务管理是常规售后服务的核心业务部门，经过新产品导入阶段的可服务性技能培训，在产品安装/调试并交付之后，设定目标客户的服务责任人是服务执行的前提。

在接到客户管理的服务订单信息及服务需求之后，服务管理要根据需求进行服务工程师的调配和派遣，并按照服务需求内容（保内、保外、保养、维修等）全面执行企业制定的服务标准（价值流 2.1）。如果出现非保内所产生的有偿服务、备件销售等，要根据企业的定价来实施。如果客户出现质疑，

则需要联系客户管理，给予明确的答复（价值流 2.2）。

在服务订单执行结束之后，服务工程师要将服务订单的完整信息反馈给客户管理，并完成服务信息的备案（价值流 3.1）。

技术支撑管理的价值定义：在服务工程师执行服务订单的过程中，当出现非服务手册规定的技术需求以及特殊情况时，应从技术的角度给予支持（价值流 2.1）。

对于售后服务的技术问题，原则上服务工程师不能超出常规服务标准进行现场变更。这是保证产品性能以及服务质量的关键要素。针对出现的特殊需求以及异常情况，服务工程师需要在第一时间与技术支撑管理进行沟通，在确定现场方案之后方能实施。技术支撑管理在该过程中不仅以解决问题为目标，也对产品出现的异常情况进行信息的收集与分析，为产品的技术改进以及重大隐患的排查提供有价值的技术支持。

在常规售后服务中，还有一项工作——设备返修。设备返修的情况可以归纳为如下几种：

- 情况一：服务工程师通过现场诊断，评估设备符合返厂标准，在征得客户同意并为客户提供替代方案的前提下，可以实现设备返厂维修。
- 情况二：如果设备在保修期内，企业在合同中承诺对出现某种重大问题的设备进行更换，那么，采取的方式就是更换设备，并将有问题的设备返厂维修。
- 情况三：当设备中某个关键部件出现问题时，根据企业的承诺，或者企业与客户协商的结果，采取更换关键部件来解决问题，并将有问题的部件返厂维修。

上述三种情况是设备返修中常见的。需要特别注意的是，针对返厂维修的关键部件或整机，在维修之后，企业通常采取测试、评估、估值、入账、再利用的方式，对回收维修设备、部件进行再利用。对某些关键部件或稀缺部件（特别是针对老设备，某些零部件的供应资源已经枯竭），企业会经常使用这种方式。

需要强调的是，通过这种方式再利用的关键部件或整机，在客户端重新使用或再销售时，企业必须向客户说明该关键部件或整机的来源，并出示测试报告和评估报告，而且价格要区别于原有的价格，这代表着企业对客户的诚信。

上述产品常规服务过程，是售后服务管理的核心，也是维系客户的关键。标准化管理是运营管理的重要前提；客户信息的及时互通是实现客户关系维系的基础；维修技能是体现企业产品价值和服务价值的根本。

【过程四　投诉处理】

投诉处理按照产生投诉的原因可分为态度类、需求类、工艺变更类三种。

1. 态度类投诉处理

1）该类投诉处理的价值流（见图 6-10）

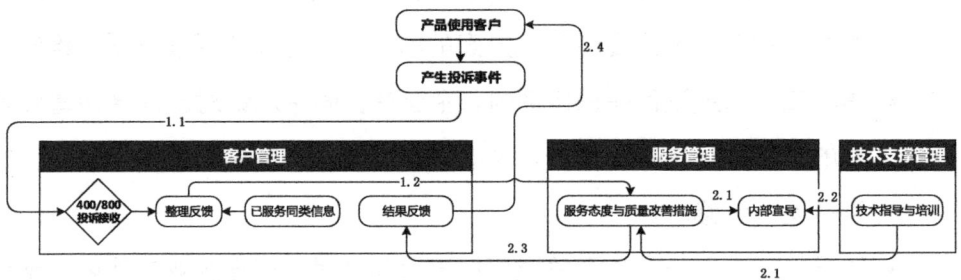

图 6-10　态度类投诉处理的价值流

2）该类投诉处理各业务板块的价值定义

客户管理的价值定义：根据客户对态度类问题的投诉，整理归纳同类问题，及时反馈给服务管理，并跟踪改善措施的落实，将结果及时反馈给客户（价值流 1.1、1.2、2.4）。

针对围绕服务工程师的态度类问题的投诉，客户管理需要对投诉的内容进行识别（价值流 1.1），初步辨析问题产生的原因，同时整理以往同类问题，以及投诉此类问题的客户，将完整信息及时反馈给服务管理（价值流 1.2）。

在做出相应改善措施并落实之后，服务管理将改善的结果及时反馈给投诉的客户，实现投诉处理的闭环管理（价值流 2.4）。

服务管理的价值定义：根据客户管理对投诉信息的反馈，准确识别存在的问题，协同有关部门完成改善措施的制定，并在组织内部宣贯，及时将结果反馈给客户管理（价值流 2.1、2.3）。

服务管理在客户管理对投诉反馈的基础上，进一步识别问题存在的根源，辨别问题的影响因素。服务管理针对技术类问题，需要在技术支撑管理的协同下，完善服务标准，并进行服务流程和工具方法的改善；针对态度类问题，要视情况，有针对性地与服务工程师进行深度的交流，确保问题不再发生。

不论上述哪类问题，服务管理在改善措施得到具体实施之后都要及时反馈给客户管理，让投诉客户看到企业的态度和改善意见（价值流 2.3）。

2. 需求类投诉处理

1）该类投诉处理的价值流（见图 6-11）

2）该类投诉处理各业务板块的价值定义

技术支撑管理的价值定义：针对客户反馈的信息，通过评估认定是产品需求投诉时，将评估意见反馈给研发管理（价值流 2.1）。

技术支撑管理针对客户管理提供的投诉信息，需要从技术层面进行评估。如果评估结果属于客户对产品提出的新需求，而非原有产品的功能和质量问题，那么需要将该投诉信息反馈给研发管理。

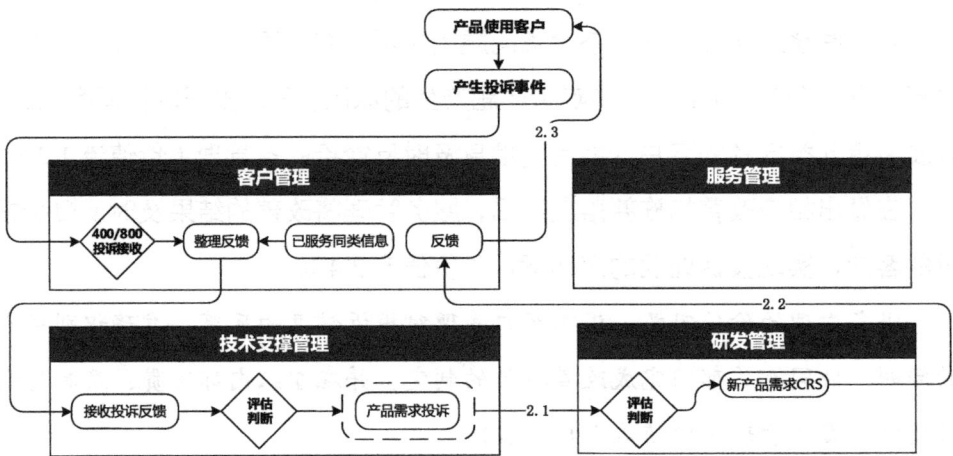

图 6-11　需求类投诉处理的价值流

研发管理的价值定义：根据技术支撑管理提供的评估结果，进一步验证属于新产品需求的真实性，并将正式评估意见反馈给客户管理，实现给客户的及时回复（价值流 2.2、2.3）。

有关新产品需求的判断是研发管理的重要责任，也是企业能够给出准确答复的权威机构。在产品使用的过程中，客户会根据自身的业务特点和需求，对产品提出类似功能方面的需求。研发管理需要判断的是，如果要满足这类需求，那么是否存在对产品改进之后的再次注册（产品的功能属性发生变化）。如果是，就不属于产品变更的管理，而属于新产品开发的管理，需要进入 CRS（商业需求规范）管理流程。

3. 工艺变更类投诉处理

1）该类投诉处理的价值流（见图 6-12）

2）该类投诉处理各业务板块的价值定义

研发管理的价值定义：根据技术支撑管理对客户投诉的评估反馈，全面评估质量投诉的内涵及技术标准，明确改善方向之后，协同相关部门完成新工艺的设计，保证其可靠性和合规性（价值流 2.2、2.3、2.4）。

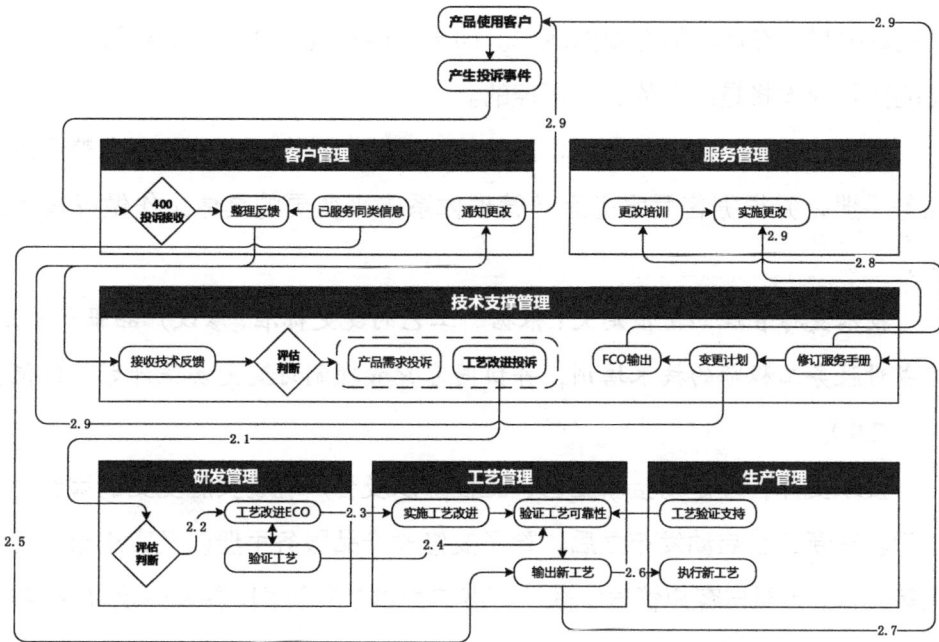

图 6-12 工艺变更类投诉处理的价值流

研发管理对于工艺变更方面的投诉，首先要从产品的功能属性进行确认，是属于新需求，还是原有产品的质量缺陷（设计/工艺）。如果确定是设计/工艺的缺陷（价值流 2.2），那么就要在企业内部启动 ECO（工程变更单）流程。

研发管理协同工艺管理和生产管理，跟踪完善新工艺的设计、验证和发布整个过程，确保新工艺的可靠性及合规性（价值流 2.3、2.4）。

工艺管理的价值定义：根据研发管理启动的 ECO 流程，负责新工艺的设计、验证、发布等工作，同时根据现有产品数量以及在产品数量，评估工艺变更的成本（价值流 2.5、2.6、2.7）。

在工艺变更的过程中，工艺管理既要关注新工艺的可达成性，协同生产管理和研发管理最终确定新工艺，更要关注已经上市的产品（包括库存产品）以及在产品数量。因为，这不仅涉及未来工程变更的工作量，也涉及现有产品的原材料、在产品等方面的成本。如果不能实现上述信息的统筹,那么企业的变更成本将是巨大的、不可控的。

在工艺变更正式发布之后,工艺管理要协同技术支撑管理,完善产品的服务手册,并根据售后服务运营管理体系未来变更的具体工作做好技术保障。

技术支撑管理的价值定义:根据新工艺的变更标准,修改产品服务手册,完成对服务工程师的技术培训,并协同客户管理制订变更实施计划(价值流2.8、2.9)。

技术支撑管理是衔接新工艺、工程师以及客户现场实施变更的重要业务部门。在新工艺启动发布之后,除了要修改产品服务手册以及实施新工艺培训等工作,还要与客户管理协同制订客户端的执行计划,并及时反馈给客户。

在上述工作准备的基础上,技术支撑管理要在企业内部以及面向客户组织启动FCO(现场变更单),协同服务管理完成相关计划的制订。

在上述过程中,客户管理的核心价值是,面向客户的信息反馈让客户真实地感受到,企业对客户关于产品质量投诉的重视度;同时在新工艺确定之后,及时将变更信息(变更计划及费用情况等)告知客户,以便客户做好相关准备(价值流2.9)。

服务管理的核心价值是执行,即接受新工艺的培训,以及执行新工艺的变更(价值流2.9)。

需要说明的是,在产品领先型业务中,围绕工艺变更的管理,不仅有来自客户方面的投诉,还有来自企业自身的需求。例如,企业通过不断积累的服务数据以及产品性能的反馈,从技术角度发现产品在性能方面存在某些重大隐患。那么,企业通过技术攻关和工艺改进,主动启动工艺变更的需求。这在售后服务运营管理体系中称为 MFCO(强制现场变更单)。最经典的案例就是汽车行业的强制召回。

通过对上述常规售后服务和投诉处理的详细介绍（见图 6-13），我们可以看到，在售后服务运营管理体系中，技术支撑管理是售后服务运营管理体系的重要管理职能。其核心价值体现在，它是售后服务标准化的建立者与有效推动者，是针对不同个性化和群体化的需求进行判断与评估的中枢管理者，是衔接企业后端研发资源、工艺资源以及生产资源的协调者。因此，该业务板块从价值的定义、人员的配置及能力的培养方面，都是售后服务运营管理体系中最重要的管理部门。

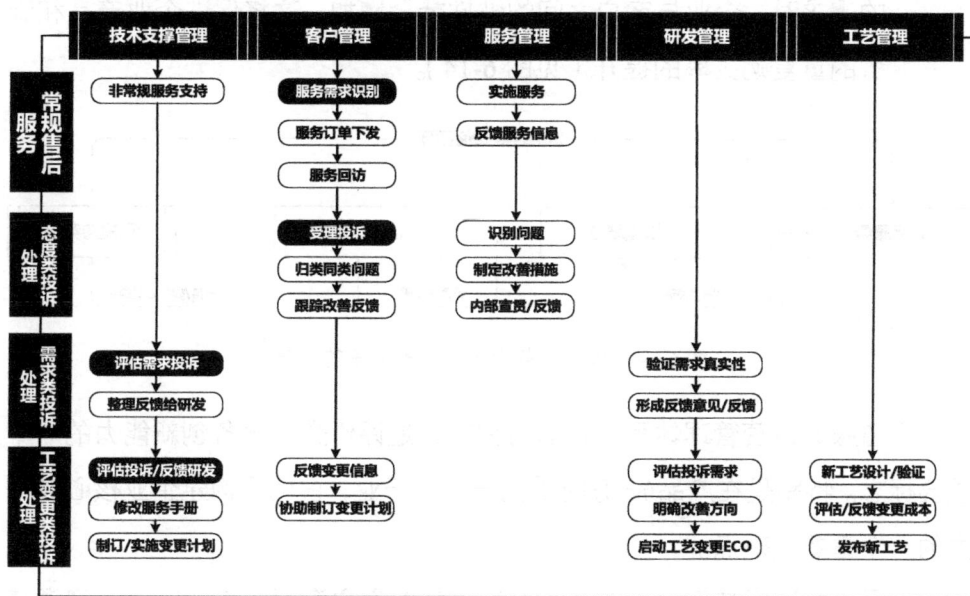

图 6-13　常规售后服务和投诉处理全过程

典型增值服务运营管理体系的搭建及业务价值定义

增值服务是发展客户关系的运营管理体系，也是在常规售后服务基础上为企业带来增值收益的服务运营管理体系。

售后服务和增值服务这两种运营管理体系之间既有联系，也有区别。

- 从经营的角度看，售后服务的价值不仅体现在自身的业务收益上，如保修服务的销售以及零备件的销售，更重要的是，为价值传播带来助力，促进客户对企业品牌价值、产品价值信任度的提升。增值服务是通过服务创新，为客户提供更多的、更深层次的服务体验，是企业发展客户关系、产生增值收入的重要源泉。

- 从运营的角度看，售后服务为增值服务带来的是可服务资源，也是后者进行服务创新的需求源泉。当增值服务更大比例地满足可服务资源的需求时，企业与客户之间的黏性就会增加，这将促进企业产品和服务的重复购买率的提升（见图 6-14）。

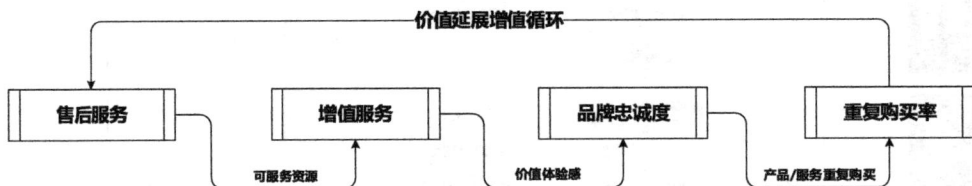

图 6-14　售后服务为增值服务带来的价值

增值服务运营管理体系的构建与完善，是评价企业服务创新能力的一个重要标志。特别是在产品/服务同质化严重的行业，它也是构建企业核心竞争力的一个重要突破点。

下面以快速反应型企业为例，深度审视以客户资源、产品/服务、资源建设与管理三大核心要素为基础的增值服务运营管理体系的构建思路。

【案例背景】

健康体检行业典型的业务形态是快速反应型业务。目前在行业内，该业务本身就处于一个高度同质化的状态，其中的核心区别体现在医疗质量以及专业诊断结果的可靠性上。共同点是，服务客户的人群庞大，可开发增值服务的资源相比其他行业具有很大优势。

下面从该行业增值服务运营管理体系规划的角度出发，深层次分析各个关键要素之间的价值关系，以及运营管理体系的构建思路。

【过程一　顶层关键要素的构建】

运营管理的核心是要素、关系、增值。增值服务的运营管理离不开客户、服务、资源三个关键要素，目标是增加客户对品牌的忠诚度。

要素与目标之间的关系如图 6-15 所示。

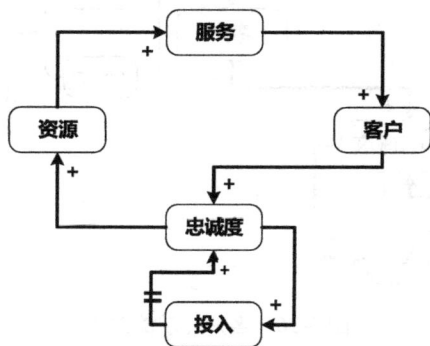

图 6-15　要素与目标之间的关系

- 客户是企业品牌忠诚度的核心源泉。运营管理的目标是老客户的留存，新客户的获取。
- 客户的留存和获取，靠的是企业服务产品的建设、规划与实施。
- 服务产品的建设、规划与实施，靠的是资源不断的积累和储备，以及正确管理方式的设立与实施。

在这三大要素之间，每个要素的不断完善都是为其他要素带来内部增值的过程，即客户认同度越高→对企业忠诚度越高→资源储备能力越强（吸引力）→服务质量及内涵越能满足客户需求。

这是一个持续构建并不断完善的过程，企业除了要考虑到资源的投入，还要看到最终在客户端体现的价值与资源投入的节奏存在着一定的延迟性。

这是在运营规划过程中必须清楚的问题。运营管理的核心任务就是，如何缩短这种延迟，使企业的资源投入不变成沉默成本。

【过程二　客户需求的探寻】

所有业务的规划都需要从客户需求分析的角度开始（见图 6-16 ）。

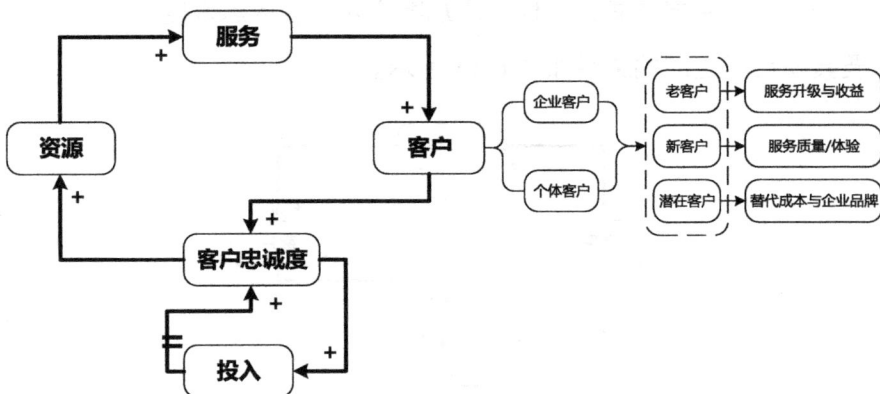

图 6-16　客户需求的探寻

客户需求分析需要从两类客户、三个维度来思考。两类客户，即企业客户、个体客户；这两类客户都会存在三个维度，即老客户、新客户和潜在客户。

- 老客户，能够留存下来，继续接受企业提供的服务，必然有其存在的道理和原因。在这种重复购买的过程中，客户也期望企业能够提供更多的可选择空间。因此对于企业来讲，服务的升级，以及更多的可选择性服务产品的设计与推出，就是满足老客户增值服务诉求的关键。
- 新客户，是企业收入来源新的增长点。他们也许是由价值传播所带来的，也许是由企业的品牌影响力吸引来的，也许是由老客户的口碑相传影响来的。不论哪种方式，对于新客户来讲，企业提供的服务体验都是新客户验证企业服务价值的关键，也是新客户首次建立的体验感知。通过这种感知新客户会在心中建立与市场同类服务的对标。

- 潜在客户，是企业任何时候都需要努力挖掘的资源。在服务同质化的行业里，潜在客户选择替代服务的内在因素有很多，通常替代成本与企业品牌是两个关键驱动因素。

上述三个维度的客户需求分析是规划增值服务的关键业务过程。其中，需求的真实性、人群占比、需求的可实现性等都是非常重要的分析因素。

【过程三　服务（产品）规划】

服务（产品）规划在健康体检行业，既有其不变的内涵，也有其可扩展的方向，但根基是不变的，仍是医疗服务的专业性及其服务质量，如图 6-17 所示。

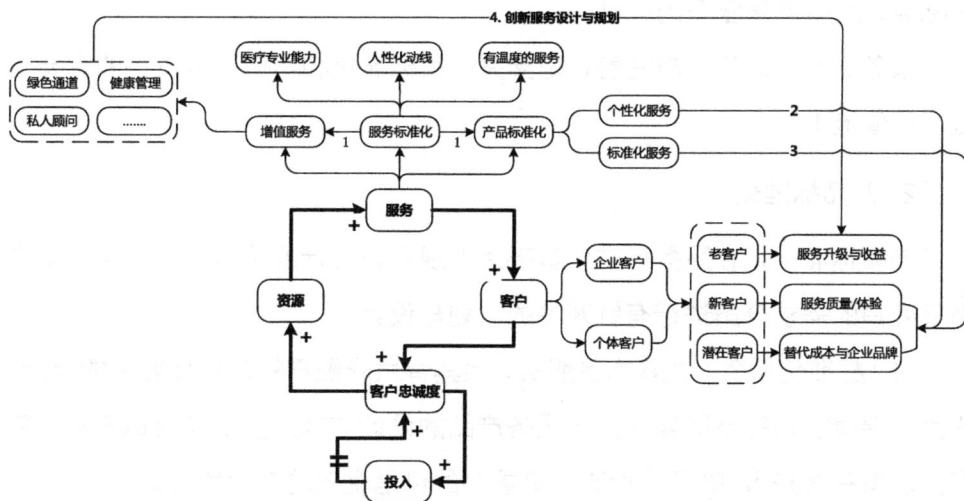

图 6-17　服务（产品）规划

健康体检行业的服务（产品）规划需要从三个方面进行思考，即服务标准化、产品标准化和增值服务。

1. 服务标准化

服务标准化既是快速反应型业务运营管理的核心，也是健康体检行业最基本的要求。其核心内涵由三个方面构成：

（1）医疗专业能力。专业人员的基本配置以及设施设备的配置与应用，是该行业管理的最基本要求，也是该行业准入机制的红线要求。

（2）人性化动线。动线一般是指客户体验服务的走动路线。服务产品实施的优先顺序与体验路线的合理性设计，体现了该类业务管理的科学性。这也是在价值创建阶段需要完成的规划任务。

（3）有温度的服务。做好服务不难理解，但是，做出有温度的服务是该行业的管理特色。温度代表着对客户体验感受的关注，代表着场景化设计的文化，更代表着专业医疗人员对客户的关爱。聚焦场景设计有特色的服务行为标准，是有温度服务的关键。

服务标准化的建立与完善，是支撑产品标准化和增值服务设计的重要基础（价值流1）。

2. 产品标准化

产品标准化是在服务标准化基础之上规划与设计的价值载体，通常围绕目标客户的需求分类进行有针对性的规划与设计。

（1）标准化服务。最基本的服务，但其背后隐藏着针对目标客户的年龄、性别、健康状态等不同属性进行服务产品的设计与规划。面向目标客户（新客户、潜在客户），除了性价比，更重要的仍是企业的专业能力。

（2）个性化服务。个性化在健康体检行业主要体现在两个方面，一是针对企业客户，按照企业所从事的行业属性，制定有针对性的体检套餐；二是针对个体普遍存在的健康问题，如慢性病等，制定有针对性的体检方案。当这些有针对性的方案满足目标客户的需求时，价格就不会成为敏感因素，这给企业带来的价值是显而易见的。

上述两种服务产品的设计与实施，是对新客户和潜在客户提供有特色的服务价值的基础保障（价值流 2、3 ）。

3. 增值服务

增值服务面向的是老客户的需求拓展。在健康体检行业，增值服务的拓展方向是基于体检结果的健康管理。例如，绿色通道的资源拓展帮助客户解决就医难的问题；针对性健康管理建议给客户提供自我管理的方法，并配置咨询服务等；针对有消费需求和能力的客户，还可以提供更加精准的个性化服务，如私人顾问等。

这些增值服务面向的是老客户的需求，以及服务产品不断创新、升级的管理循环（价值流 4 ）。

【过程四　资源配置规划】

资源配置规划是与服务（产品）规划同步进行的管理过程。资源配置规划不仅要面对所需资源的准备，更要面对业务管理方式的设计，如图 6-18 所示。

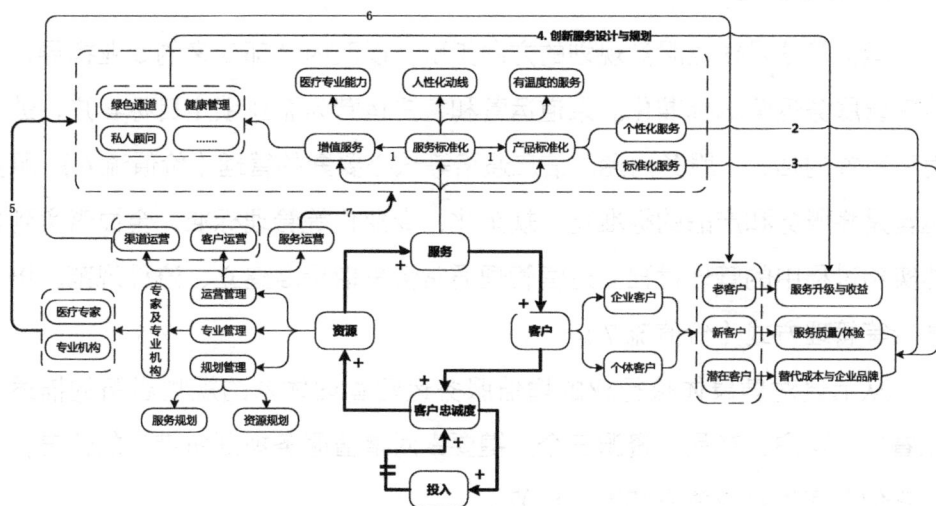

图 6-18　资源配置规划

通常，企业要从规划管理、专业管理、运营管理三个方面进行资源的准备。

1. 规划管理

增值服务不是一个短期业务管理，而是一个独立业务形态的持续构建与完善的过程管理。从初期的业务框架设计到分步实施的资源准备、投入、验证等过程，都是必不可少的管理过程。总体而言，健康体检业务的规划管理要从两个方面切入：服务规划，重点在于可服务产品的设计与实施；资源规划，配套服务产品的资源准备。

2. 专业管理

专业管理是基于医疗行业的专业属性，根据增值服务的规划，配置和储备医疗专家资源，以及专业机构的医疗服务资源（不一定所有增值服务的内容都需要自己实施）。这些内外部资源的准备，以及专业能力的发挥，对于企业整体服务运营能力的提升都会起到非常重要的作用（价值流 5）。

3. 运营管理

运营管理是根据服务规划的方向指引，以及内外部专家的专业指导，逐步完善服务运营的标准化。渠道运营和客户运营为企业锁定目标客户，进行有针对性的档案、服务内涵、信息通路等核心要素的管理（价值流 6）；服务运营是将服务和产品的标准化、规范化、专业化等管理标准，全面落实到具体实施过程中的管理过程。运营管理通常会采取标准建立、流程规范、培训督导等管理方式（价值流 7）。

从上述对健康体检行业的增值服务运营管理体系的规划思路的描述可以看出，客户、产品、资源三个关键要素对增值服务规划所带来的价值，以及它们之间的对应关系和影响价值。

由此可见，在任何行业、任何业务模式中，上述三个关键要素在增值服

务运营管理体系搭建之初都是清晰且明确的。

📝 本章小结

打江山靠研发和销售，守江山要靠服务。价值延展运营管理体系是企业产品和服务价值生命周期的闭环管理体系。

- 售后服务，是基于标准化的运营管理体系，是维系客户关系的核心基础。

- 增值服务，是基于服务创新的运营管理体系，是企业获取增值收益的重要管理手段。

第 **7** 章

设定价值驱动的运营管理目标

要素、关系、增值是运营管理的核心，而增值是运营管理的最终追求。实现增值的追求取决于对增值的定义。

运营管理体系基于企业追求价值的导向，通过四个价值流（价值创建、价值实现、价值传播、价值延展），构建了各个要素之间的连接关系。这种关系的建立，也是将企业追求的产品/服务的最终价值，拆分成阶段性价值的管理过程。

如何精准定义各个价值流的标准，如何评估这个标准，是运营管理体系持续改善的关键任务，也是实现 PDCA 循环的重要基础。

实现基于价值的运营管理的目标，要从三个方面入手：定义绩效方向、找准绩效程度、建立管理规则。

定义绩效方向

1. 如何定义绩效方向

运营管理的绩效方向就是效率。围绕这个绩效方向，准确实现对各个业务板块的评估，需要从五个非常具体的维度去思考。

（1）质量：代表工作执行的质量，如价值创建的里程碑达成率、销售执行的中标率等。

（2）数量：代表在一个具体工作周期内需要完成的工作量，如月度销售额、月度产量等。

（3）成本：代表单位量所花费的成本，如人工费、原材料成本、销售费用等。

（4）及时性：代表工作完成的进度是否符合管理的要求，如月度回款计划完成率、产品的按时交付率等。要想实现及时性的目标，必须事先给出具体的时间要求。

（5）满意度：代表业务与业务之间、企业与客户之间行之有效的工作协同与关系处理程度，如客户满意度、服务满意度等。

2. 定义绩效方向的基本原则

在运营管理过程中，绩效方向的定义要遵循下面四个原则。

原则一　绩效方向的定义是组织行为，而非业务行为

组织行为是指企业根据经营目标，提出对运营管理的业务要求，是基于企业最终价值的定义以及业务价值流的畅通性、及时性和准确性，提出的运营管理过程中关键业务过程以及关键要素的管理标准。

原则二　绩效方向的定义要与关键业务过程实现准确对接

绩效不是一个孤立存在的指标，它承载着指标的所有关键业务过程。只有实现与关键业务过程的准确对接，才能找到价值流动过程中出现的问题，运营价值的评估才会更加准确和有效。

原则三　绩效方向的定义要先有结果定义，再有过程定义

任何企业的运营管理体系都是一个持续构建、持续完善的过程。在业务发展初期，运营管理体系尚不完善的时候，需要定义的是运营结果类绩效，并根据结果类绩效的评估结果理顺要素之间的关系，提升运营管理体系的成熟度；当运营管理体系相对完善的时候，再逐步扩展绩效的方向与标准。

原则四　绩效方向不是一成不变的，可以根据企业价值追求的导向持续完善

评估是为了改善，改善需要服从企业的价值导向。所有绩效方向的定义，都是一个价值导向的建立过程。当绩效结果看似很好，却没有达到企业运营管理预期的时候，管理者就要从价值导向角度去分析存在的问题，并及时加以修正。

【案例分析】这是一家产品领先型业务的企业。企业具有比较宽的产品线，且品类很多，价格差也很大。销售的模式是以渠道销售为主，即销售人

员通过辅导、支持渠道代理商实现销售目标。

下面我们来看一下该企业销售执行过程中绩效目标持续改善的起因及过程。

过程一　基础管理（见表 7-1）

表 7-1　基础管理

绩效目标	质量	数量	成本	及时性	满意度
销售额		★		★	
回款额		★		★	
销售费用	★		★		

销售额、回款额和销售费用是销售执行过程中最基本的绩效目标。销售额和回款额代表着对数量和及时性的追求；销售费用代表着对管理成本的追求。三种指标的占比在不同过程中会有所不同。

在这样的背景下，企业通过对几年销售数据的分析，发现有一种情况表现得非常突出，即生效的销售合同存在很多不能执行的地方。也就是说，当定金到账、合同生效之后，企业没有实现产品的发货及安装交付，也没有实现发票的交接，这样合同额就不能成为企业真正的销售收入。而且，这种情况经常出现在年度的中期（6 月底）和年底（12 月底）这两个关键时间点。

分析背后的原因不难发现，这是运营管理导向带来的结果。

改善措施：在上述三个绩效目标不变的情况下，增加年度发货比例的绩效目标，是解决该问题的关键。企业可以根据自身产品交付的时间周期，以及全年合同生效的进度，设立整体年度必须守住的产品发货比例，只有这样才能保证企业现金流的可靠性。

改善结果如表 7-2 所示。

表 7-2　增加年度发货比例

绩效目标	质量	数量	成本	及时性	满意度
销售额		★		★	
回款额		★		★	
销售费用		★	★		
年度发货比例	★	★		★	

过程二　关注投入产出的效果

正如背景资料所述，该企业的产品线很宽、品类很多，那么产品之间的价格差就会很大，如最小的产品价格为 1 万元/台，最大的产品为 500 万元/台。

这种多品类的产品策略既让客户实现了一站式采购，也反映了企业价值创建的能力，是一种核心竞争力的体现。

在销售执行层面，就会存在这样一种情况，即为了完成销售业绩，销售人员会更加关注价格相对较高的产品，而忽略价格相对较低的产品。例如，如果给销售人员下达年度销售额 1000 万元的销售目标，那么销售人员一定会选择销售两个 500 万元的产品，而不会选择销售 10000 个单价 1 万元的产品。这种情况对企业将是重大隐患。因为如果企业投入资金开发的各类产品不能实现预期销售，企业就无法实现价值创建阶段的追求，甚至可能连投入的研发资金都无法收回。

针对上述情况，该企业适时调整了销售执行过程中的绩效方向，即增加了产品均衡率，并根据销售区域的市场差异化，分别制定了有针对性的均衡率，在完成产品市场布局追求的同时保证了企业价值追求的实现（见表 7-3 ）。

表 7-3　增加产品均衡章

绩效目标	质量	数量	成本	及时性	满意度
销售额		★		★	
回款额		★		★	

续表

绩效目标	质量	数量	成本	及时性	满意度
销售费用		★	★		
年度发货比例	★	★		★	
产品均衡率	★	★		★	

过程三　关注盈利的追求

渠道销售模式的价格体系通常由三个价格组成，即产品出厂价、渠道结算价和终端销售价（见图 7-1）。三个价格的带宽和标准是企业每年都要结合市场走势、产品走势和竞争趋势不断评估并确定的。

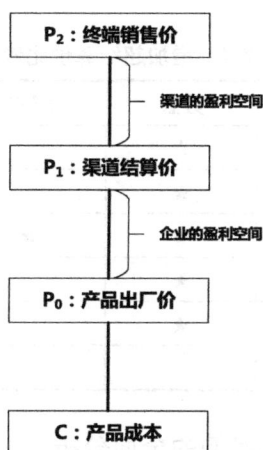

图 7-1　关注盈利

市场的变化确实存在很多不确定性，除了适时调整价格，还要关注企业内部的管理导向问题。

在企业的销售执行过程中，就出现了渠道结算价被不断蚕食的现象。例如，个别销售人员与渠道联合，编出各种无法确定的原因，期望企业降低渠道结算价。很多时候企业为了扶持渠道的发展，也会采取适当的降价措施。但是，当这种现象不断发生的时候，企业管理者就要注意，到底是价格设定的问题，还是销售管理中存在漏洞？没有人敢说所有预测都是准确的。如果将管理精力聚焦在准确率上，那么这种现象还会持续发生，问题也不会得到解决。还有人会说，这里面一定存在着销售人员的腐败，通过帮助渠道向企业杀价，实现自己的不正当收入。

改善措施的选择，其实就是管理方向的选择。企业是选择去查问题，还是选择正向的激励，这是管理者必须想清楚的问题（每个企业都会不同）。

该企业的最终选择是，建立正向激励的绩效方向，即设立了超结算价比例的激励机制。也就是说，面对市场的不确定因素，企业激励正向驱动的销售行为。如果销售人员通过自身的判断和努力将企业的产品价值推向更高的标准，那么对其所获得的收益，企业愿意拿出一定比例作为激励（见表7-4）。

表7-4　增加超结算价比例

绩效目标	质量	数量	成本	及时性	满意度
销售额		★		★	
回款额		★		★	
销售费用		★	★		
年度发货比例	★	★		★	
产品均衡率	★	★		★	
超结算价比例	★				

【案例小结】通过对上述案例的全面分析，尤其是管理方向的选择分析，我们可以看到企业运营管理方向改变的初衷，一定是企业最终价值的追求。运营管理就是要通过不断评估运营结果，对标价值导向，实现运营效率的持续提升及运营管理过程的持续完善。

3. 绩效目标全面建立的方法

要想准确定义运营管理体系的绩效目标，需要从如下七个步骤展开。

1）业务价值的定义

业务价值是围绕企业的最终价值，需要该业务完成的价值。需要注意的

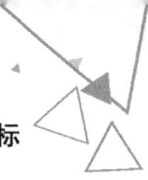

是，各个业务板块的价值定义，既取决于企业不同发展阶段的经营目标和运营管理的追求，也取决于业务板块本身的管理升级。例如，从质量体系完善性和规范性的角度看，质量管理自身就存在质量检验级、质量保证级、质量预防级、质量完美级四个层级的管理成熟度标准。

因此，在这个过程中，企业的价值以及自身管理的成熟度，是定义业务价值需要考虑的重点。

2）关键业务过程的定义

关键业务过程是指业务板块为实现自身的最终输出价值，所需要完成的内部管理过程。例如，生产管理的最终价值是保质、保量地按时交付，为了实现这个最终价值（结果类），生产管理包括制订生产计划、做好产前准备、过程质量控制、过程成本控制、安全管理、设备管理等关键业务过程。可以将关键业务过程理解为该业务板块的管理职责。

3）关键岗位的定义

关键岗位是业务板块在完成关键业务过程中所必备的岗位类别。

4）绩效方向的定义与辨析

按照质量、数量、成本、及时性和满意度五个方向，定义业务板块的绩效方向。在该过程中需要注意的是，所提取的绩效方向是否存在某个方向的缺失。例如，在所有绩效方向提取之后发现，在成本方面没有对应的绩效要求。这时就需要管理者反问：是否需要？是否能够计算？每个业务板块不一定需要在五个方向上全部设定绩效目标。定义什么方向，仍然取决于企业的价值导向。

5）绩效目标属性的定义

绩效目标属性是指该绩效目标是属于业务板块的结果类目标，还是属于过程类目标。如果是过程类目标，就需要明确在哪个关键业务过程中。这对于未来管理过程中发现问题及解决问题具有非常大的价值。

6）绩效目标责任的定义

绩效目标责任是指每个提取的绩效目标在业务板块中应该由哪个岗位负责。需要注意的是，在定义岗位责任的过程中，一定要清楚这个岗位是否能够对绩效目标起到关键作用。如果该岗位不能对绩效指标产生真正的影响，那么这种责任机制是没有任何意义的。例如，很多电商企业的运营部主要负责产品营销的过程管理，其中有一个岗位叫客服，也就是当客户对产品有疑问、联系卖家进行咨询时，后台实施对应服务的岗位。今天有很多电商企业都给这个客服岗位下达了销售目标。但是，仔细思考一下后我们就会反问几个问题：

- 这个岗位真的能对销售任务起到影响吗？
- 客户没有通过咨询形成的销售订单，跟他有关系吗？
- 对于客户咨询，在完成正确解答之后，客户没有下单，是他的原因吗？
- 他的哪些管理行为是运营管理需要关注的？

……

如果这些问题没有得到正确解答就将结果类绩效目标强加于客服岗位，那么，这种管理是不科学的、是毫无意义的。

在设定绩效目标责任的过程中，还需要注意的是，每个岗位最多能够承担的绩效目标责任，原则上不超过七个，这也是一个岗位能够实现可控目标的数量。

7）优先顺序的定义

优先顺序是指在运营管理的价值导向下，业务板块针对管理的现状查找并确定需要重点关注的目标，以及管理的优先顺序。对于一个业务部门来讲，其需要重点关注的绩效目标一般也不会超过七个。

上述七个步骤是正确定义绩效目标的关键步骤，其先后顺序不仅体现了绩效目标定义的逻辑性，也反映了运营管理的思维方式。（见表 7-5）

表 7-5 业务部门整体绩效目标梳理模板

业务部门的名称	
业务部门的业务价值	
关键业务过程	
关键岗位	

序号	KPI/分类	质量	数量	及时性	成本	满意度	目标属性	管理过程	责任人	优先顺序

【案例分析】以产品领先型业务企业中的一个运营单元,即生产车间为例,全面梳理生产车间的整体绩效目标。

1)业务价值:保质、保量、准时交付生产产品,加强人员、环境的安全保障

生产车间是企业价值实现运营管理体系中最基本的业务单元,也是将价值创建的成果向客户完整交付的重要载体。保质、保量、准时交付是其首要价值。保质,意味着对生产工艺的严格执行,以及对质量标准的达成;保量和准时,意味着资源的匹配及生产计划的合理性,以及执行的严肃性。在此基础上,为了保证产品的交付,还需要加强对环境及操作人员的安全管理,实施规范化管理。

2）关键业务过程：工艺导入，制订生产计划，产前准备，生产组织，生产过程管理，设备管理，安全管理等

业务过程是该生产车间从启动业务管理的第一个管理活动开始，到最后管理成果交付的全部过程。

- 生产车间的第一个启动项，是从产品的工艺导入开始的，也是价值实现阶段工艺转化的成果输入。

- 另一个启动项（日常工作的常态）是企业的综合计划管理给生产车间制订的月度生产计划，这是做好产前准备的关键输入。生产车间要根据综合计划管理的要求，完成内部资源的配置计划，并保证计划的有效完成。

- 产前准备，是根据生产车间内部资源的配置计划完成人员、设备、工装、原材料等相关资源的匹配。其中，原材料的准备取决于综合计划管理中的采购计划和到货计划。

- 生产组织，主要是针对生产车间的人员调动及时间安排，对照生产计划及工艺要求进行生产的过程。

- 生产过程管理，包括过程质量控制、生产成本控制、产品切换、产品交付等关键业务过程管理。

- 设备管理，在生产过程中重点围绕常规设备维护、故障修复、设备调用等环节进行管理。

- 安全管理，其核心是围绕安全管理规范的导入与监督执行，以及安全隐患的排查与预案的制定、实施进行管理。

上述七个关键业务过程也是生产车间的七个职责，职责与业务过程是一一对应的关系。

3）关键岗位：车间主任、班组长、技术员、操作工、质检员、安全员、设备管理员、统计员八个岗位

通过对上述三个方面的定义，我们可以得到生产车间管理的价值定义及基本管理架构（见表 7-6）。

表 7-6　生产车间管理的价值定义及基本管理架构

业务体系（或者部门）的名称	生产车间
业务体系（或者部门）的业务价值	保质、保量、准时交付生产产品，加强人员、环境的安全保障
关键业务过程	工艺导入，制订生产计划，产前准备，生产组织，生产过程管理，设备管理，安全管理等
关键岗位	车间主任、班组长、技术员、操作工、质检员、安全员、设备管理员、统计员

4）绩效目标及其与过程、岗位的对应关系（见表 7-7）

表 7-7　绩效目标及其与过程、岗位的对应关系

业务体系（或者部门）的名称	生产车间
业务体系（或者部门）的业务价值	保质、保量、准时交付生产产品，加强人员、环境的安全保障
关键业务过程	工艺导入，制订生产计划，产前准备，生产组织，生产过程管理，设备管理，安全管理等
关键岗位	车间主任、班组长、技术员、操作工、质检员、安全员、设备管理员、统计员

序号	KPI/分类	质量	数量	及时性	成本	满意度	目标属性	管理过程	责任人	优先顺序
1	产品入库合格率	※					结果类		车间主任	
2	安全隐患整改计划完成率	※		※			过程类	安全管理	安全员	

序号	KPI/分类	质量	数量	及时性	成本	满意度	目标属性	管理过程	责任人	优先顺序
3	安全预案的实施率	※		※			过程类	安全管理	安全员	
4	生产计划制订准确率	※					过程类	制订生产计划	统计员	
5	生产计划完成率	※		※			结果类		车间主任	
6	半成品漏检率	※					过程类	生产过程管理	质检员	
7	生产事故发生数量		※				结果类		车间主任	
8	设备故障率（次数/时间）	※	※				过程类	设备管理	设备管理员	
9	单位产品的生产成本达标率	※			※		过程类	生产过程管理	班组长	
10	设备年度保养计划执行率	※		※			过程类	设备管理	设备管理员	
11	工艺导入差错率	※					过程类	工艺导入	技术员	

从绩效指标及其与过程、岗位的对应关系，我们可以看到如下几个关键点：

（1）从绩效方向角度，质量方向是绩效目标的重点；成本方向重点体现在，单位产品的制造成本相对于生产车间的整体成本管控得更加精准，对于过程管理的针对性会更强。

（2）从结果类绩效目标角度，产品入库合格率、生产计划完成率、生产事故发生数量三个绩效目标，与生产车间的业务价值能够相互对应，符合业务的价值导向。

（3）从结果类绩效目标责任角度，业务的第一负责人一定是对业务管理输出结果负责的人。但是，从生产车间内部管理的角度，结果类指标对生产车间的班组长也会有同样要求。因此，结果类绩效目标根据管理的需要在生

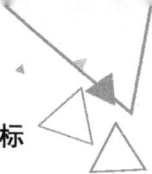

产车间内部还需要进行二次分配。

（4）从关键业务过程与绩效目标的关系角度，对产前准备、生产组织没有设定对应的绩效目标，是否需要设定？这要视管理需求而定，并非一定要有。

（5）从责任对应角度，生产车间的关键岗位都有对应的绩效目标责任，而且每个岗位都不超过七个目标责任。

需要注意的是，上述围绕生产车间的绩效目标梳理是一个全面梳理的过程，并不代表从运营管理的角度都要纳入绩效管理范畴。优先顺序的排列就是解决该问题的重要手段。通过对现有生产管理的效率评估，排列绩效目标的优先顺序，就是运营管理目标选择的过程。

【案例小结】建立运营管理体系中的绩效目标，是对业务进行全面思考的过程，更是一个发现问题、解决问题的过程。业务价值的定义是正确界定绩效方向的前提，是实现方向/目标、过程/结果、岗位/责任一一对应的关键导向。

4．满意度绩效目标的评价方法

满意度评价是运营管理过程中非常重要的一个绩效方向，尤其是在客户传递企业价值的过程中。例如，在价值延展的售后服务管理中，满意度评价就是一个非常重要的环节。

在现实中，满意度评价往往会走入误区，很多企业往往通过电话回访关于满意、不满意的询问，或者让客户给服务打分（1~5 分）等方式，进行服务运营效率的评价。结果是否可靠，是否可以改善管理，都值得商榷。

产生这类问题的原因是，管理者忽略了一个非常重要的原理，那就是峰终定律（Peak-End Rule）。

峰终定律是指，如果在一段体验的高峰处结尾，体验是愉悦的，那么对整个体验的感受就是愉悦的。峰终定律是 2002 年诺贝尔经济学奖获得者丹尼尔·卡尼曼教授提出的。他认为，人的大脑在经历过某个事件之后，能记住的只有峰（高潮）和终（结束）时的体验，过程的体验其实是可以被忽略的。

根据该定律，如果在满意度评价过程中，仅仅以结果类方式进行调查，那么得出的结果必然存在误差，对运营管理的改善价值也不大，更多地体现为一种形式。

因此，在满意度评价过程中，企业需要解决如下几个关键问题。

1）确定满意度的绩效方向

通常情况下，满意度评价重点关注的绩效方向是质量、及时性和满意度（小）。

（1）质量，是体现企业为客户提供服务的专业性，是服务质量的基本要求。

（2）及时性，是企业对客户履行的时间承诺，如当客户提出维修服务的时候，企业需要承诺到现场的时间等。

（3）满意度（小），与大满意度的内容是不一样的，其代表着企业对提供给客户的产品应该履行的全部责任，这是企业级的职业道德。通常表现为服务态度。例如，不论客户是通过什么渠道购买的产品，企业都要承担对客户产品服务的责任（除了假冒产品）。

2）定义满意度的过程行为

过程行为是根据服务职责和服务过程，提炼出客户可以直接观察到的行为表现。通常，要按照服务过程的分段内容进行关键行为的提炼。例如，常规产品售后服务包括常规保养、电话报修、维修前沟通、上门服务、服务反馈等关键业务过程。在这些过程中可以提炼出客户有感受的行为，如在电话报修阶段，电话接通率、服务问询、时间预订等典型行为，就是客户体验的调研内容。

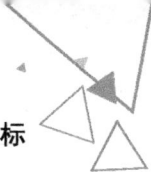

　　还有一点需要注意，客户不是对所有行为都会有所体验。因此，在问卷调研的过程中，需要增加一个是否使用过该服务的选项。从中我们可以清晰地知道，客户重点关注哪些服务行为。这对于运营管理抓住重点、持续改善服务质量会产生重要影响。

　　3）定义分数标准

　　打分永远是满意度评价的一种方式，但是，为了避免人们对分数理解和定义的差异化，企业在制定分数标准时要给出具体定义。常见的五分制分数标准定义（十分制相对复杂）如表 7-8 所示。

表 7-8　满意度分数标准定义

分数	1 分	2 分	3 分	4 分	5 分
定义	坚决不接受	不能接受	可以接受	满足预期	超出预期

　　4）定义样本要求

　　满意度调研，其数量的覆盖率决定了调研的准确性和可靠性。很多企业几乎做到了 100% 调研，这种成本是不小的，但是如果需要，就必须执行。

　　有些企业可能想做，但很难做到。有的产品没有必要做全面的调研，如消费品。如果为了保证调研数据的可参考性，就必须守住一个最低比例。按照传播学信息渗透性原理，10%~25% 是调研比例的最低要求。因为超过这个比例，就说明信息的扩散速度会加快，同类认知也会加速形成。

　　上述四个方面，不论是企业对客户的服务满意度评价，还是企业内部之间的协同满意度评价，都是管理者需要关注的重点（见图 7-2）。

　　满意度调研问卷的设计模板如表 7-9 所示。

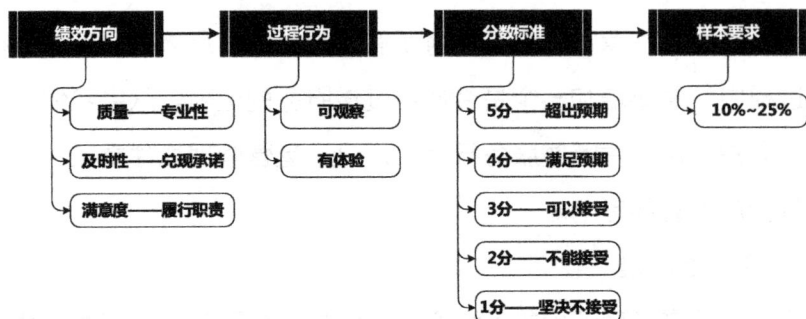

图 7-2 满意度评价的关注点

表 7-9　满意度调研问卷的设计模板

部门名称	序号	评价内容	(1)是否使用过该项服务	评价指标				平均得分
				(2)专业性	(3)完成程度	(4)反应速度及工作效率	(5)服务态度	
售后服务部	1	服务过程一						
	1.1	典型行为1						
	1.2	典型行为2						
	1.3	典型行为……						
	2	服务过程二						
	2.1	典型行为1						
	2.2	典型行为2			改善点 ←			最低分
	2.3	典型行为……						
	3	服务过程三						
	3.1	典型行为1						
	3.2	典型行为2						
	3.3	典型行为……						
	4	服务过程四						
	4.1	典型行为1						
	4.2	典型行为2						
		典型行为……						
	平均得分			最低得分				平均得分
	您对今后服务工作的建议							

总之，在满意度绩效目标的选择过程中，过程行为定义、分数标准定义、样本要求定义，是实现满意度评价结果有效性的关键，也是运营管理改善、精准发现问题的有效方法。

找准绩效程度

绩效程度是指在绩效方向确定的情况下，给每个绩效方向设定管理的标准，也就是阶段性要达成的目标标准。

标准的制定，不能凭空想象，也不能完全靠经验判断，而是基于价值导向来确定的。通常可以采取对标法、关键要素驱动法和策略分解法三种方法来实现标准的制定。

1. 对标法

对标法是指找到业务管理水平的标杆，将其作为参照设定绩效标准。企业采用这种方法需要从两个角度去思考。

（1）从企业整体的角度，找到该行业可以作为参考的标杆。企业要从企业的规模、产品/服务的属性（目标客户、产品功能）等方面，与企业自身的情况相匹配，以此作为设定绩效目标的标准。当然，这里最大的难点是获取标杆企业的准确数据。

（2）从企业内部的角度，当需要给运营组织设定绩效目标的时候，可以从组织内部找到绩效优异岗位的绩效成果，作为同类岗位的标杆。这种标杆选择的价值在于，在同样的环境下能够实现的绩效标准，对于内部岗位来讲更具有可参考的价值。

不论从何种角度选择对标法，内外部数据收集的连续性和周期性都是非常重要的。因为如果没有连续数据做支撑，管理者就不会看到绩效结果变化的拐点数据，那么绩效标准的选择与设定也难以准确。

2. 关键要素驱动法

关键要素驱动法是指在组成业务运营管理的必备要素中，某个要素的变化能够带来对业务最终结果的直接影响。这个要素就是关键要素，围绕它的改善标准的设定，可以使企业更加聚焦改善点，提升资源的使用效率。

使用关键要素驱动法，需要注意两个关键问题。

（1）业务运营管理的关键要素不能包含人的因素。如果包含了，其就会成为兜底因素。如果企业的运营效率存在问题，都拿人这个因素来解释，那么运营管理就失去了意义。

（2）关键要素对运营结果的影响关系（驱动公式）不是所有企业、所有业务都相同的。不同的业务模式、不同的发展阶段可能存在不同，关键是找到企业能够识别并确定的业务逻辑。

【案例分析】在价值传播领域，很多行业的业务逻辑是相通的。例如，围绕销售收入的提升，关键要素的影响关系如下：

销售收入=（潜在客户数量×转化率×购买产品数量×产品单价）×重复购买率

按照这个驱动公式，可以有如下几种方式通过改变关键要素的绩效标准，来实现企业销售收入的提升。

1）永远关注重复购买率（见图7-3）

销售收入=（潜在客户数量×转化率×购买产品数量×产品单价）×重复购买率
永远关注

图 7-3　永远关注重复购买率

重复购买率代表着客户对企业产品价值以及品牌价值的认可度。在很多具有重复消费的行业，保证重复购买率的数据稳定是实现销售收入稳定的关键。该标准设定的背后隐藏着企业在客户关系维护以及客户服务等方面需要投入大量的资源。同时，当重复购买率高的时候，对潜在客户的影响也是显而易见的，即所谓的口碑相传。

2）挖掘潜在客户数量（见图 7-4）

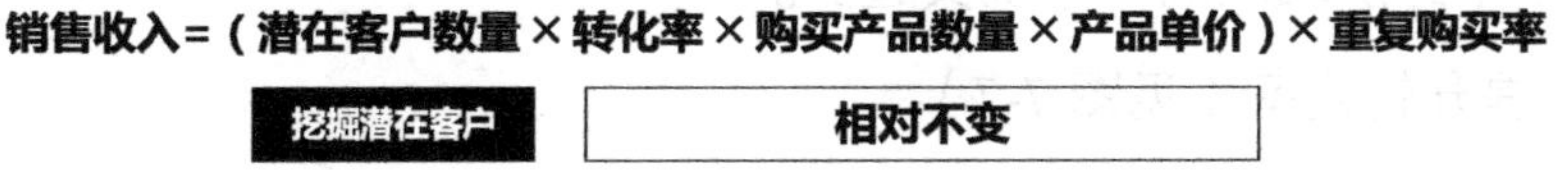

销售收入=（潜在客户数量×转化率×购买产品数量×产品单价）×重复购买率

| 挖掘潜在客户 | 相对不变 |

图 7-4　挖掘潜在客户

销售执行的管理一定是从挖掘潜在客户开始的。企业在转化客户的能力、可销售产品的数量以及价格相对稳定的情况下，提升销售收入的源泉就是不断挖掘潜在客户的数量。开发新渠道、线上/线下相结合、增加潜在客户资源，就成了销售收入提升的关键。

3）提升客单价（见图 7-5）

销售收入=（潜在客户数量×转化率×购买产品数量×产品单价）×重复购买率

| 相对不变 | 产品组合 | 相对不变 |

图 7-5　提升客单价

客单价是指客户一次性购买产品的总量，数量越多，带来的收入贡献越大。企业要想实现客单价提升的目标，就应该在产品/服务方面进行创新。例如，通过产品之间配套功能的有效组合，带来单位销售收入的提升。例如，在家电行业，从单一的厨具销售上升到厨房解决方案，它给客户带来的价值是，满足了客户一次性解决问题的需求，为客户节省了时间成本。

4）提升产品单价（见图 7-6）

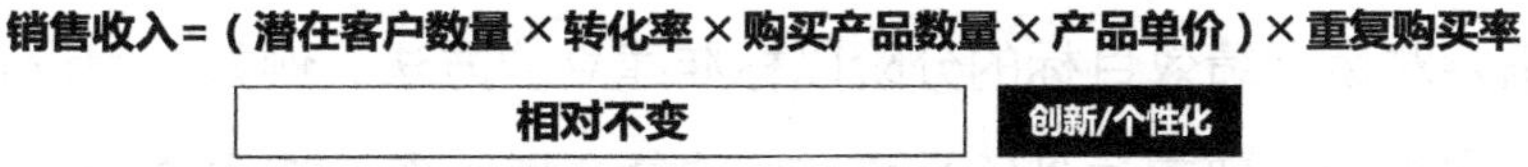

销售收入=（潜在客户数量×转化率×购买产品数量×产品单价）×重复购买率

| 相对不变 | 创新/个性化 |

图 7-6　提升产品单价

很多企业认为，通过价格提升促进销售收入达成是天方夜谭。但是，如果企业能够看到经济发展的趋势带来的消费趋势，如由财富驱动带来的个性化消费需求的增加，此时的价格提升就不是不可能的，而是一种趋势。定制化就是当下经济发展的一个现实趋势。

5）提升转化率（见图 7-7）

销售收入=（潜在客户数量×转化率×购买产品数量×产品单价）×重复购买率

相对不变	过程管理	相对不变

图 7-7　提升转化率

转化率是将潜在客户转化为商业客户（有购买行为）的工作成果。转化率的改变依靠的是对销售过程的全面精细化管理（如价值传播阶段的销售执行案例解读）。转化率目标的设定与改善，不仅能够帮助企业提升销售收入，对于企业引流成本的价值发挥也会起到非常大的作用。该因素是值得每个行业销售管理者重视的关键因素。

在上述案例分析中，假设在其他关键要素相对稳定的前提下，某个关键要素改变带来的影响。在现实工作中，一个要素的改变不一定能带来整个结果的改变，也许需要几个要素同时改变。

管理者需要注意的是，即使几个要素都有所改变，也必须聚焦 1~2 个要素，集中资源加以改善，否则就会出现都重要也都不重要的管理误区，导致资源投入的发散性和运营结果的不可控。

3. 策略分解法

策略分解法是指企业在制定长远规划的过程中，通过对经营指标的策略分解，指导对运营绩效目标的分阶段标准建立的方法。例如，假设企业制定了五年发展规划，要求达到年平均 5%的复合增长率。按照这个规划，企业就会针对销售收入的增长，要求每年达到10%以上的复合增长率。这就是通过策略分解法为运营管理体系带来的标准设定。

如果采用该方法，企业必须做到的管理要求如下：

- 核心业务要保持相对稳定，因为不稳定的业务是没有业务规律的，也就谈不上科学的分解。
- 核心业务的数据积累以及数据分析模型要相对完整，否则测算和分解也不会有参考价值。
- 市场目标数据清晰，收集方式稳定。市场评估的目标数据要在组织内部实现高度的一致性。数据采集的渠道和方式，要保持一定的连续性和稳定性。只有这样，前后数据才具备可比性。

由此可见，此方法对企业管理成熟度的要求非常高，需要管理者在定义绩效标准过程中慎重选用。但是，从管理能力提升的角度，这是值得追求的一种方法。

上述三种绩效程度的定义方法（见图 7-8），既可以独立使用，也可以相互配合使用。例如，采用策略分解法设定经营目标及分解的过程中，就需要行业对标数据做参考。

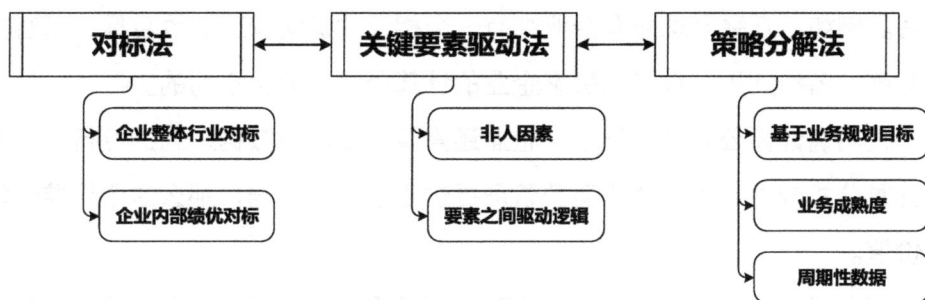

图 7-8　绩效程度的定义方法

建立管理规则

绩效目标的管理规则是在绩效方向、绩效标准确定的前提下，对目标进行更加详细的管理标准定义，其中包括目标标准的定义、目标测量方法的确定、目标责任的确定和周期数据的分解四个方面管理规则的建立。

1. 目标标准的定义

目标标准是在 SMART 的基础上进行详细标准定义，包括目标计算公式和目标导向等（见表 7-10）。

表 7-10　目标标准的定义

目标标准的定义	
目标名称	
目标描述/定义	
责任人（名称和职务）	
目标计算公式/算法	
目标导向	

（1）目标计算公式，是绩效目标承担者与管理者之间形成统一标准的核心基础，也是每个企业建立自身管理规则的前提。管理者需要注意，不要简单地认为同行业其他企业的计算方式在本企业就可以完全照搬，这是错误的想法。例如，几乎全球所有企业都有一个相同的运营管理绩效目标，即客户满意度。名称几乎一致，但每家企业的计算公式是完全不同的。

在明确计算公式的过程中，企业还需要深度思考数据来源的可行性。如果计算公式成立，但是企业运营管理提供不了这些数据，那么这个标准也没有价值。

（2）目标导向，是告知未来绩效目标承担者，该目标企业的价值导向是越大越好，还是越小越好，有没有数据边界的限制。

2. 目标测量方法的确定

目标测量（见表 7-11）要围绕四个关键问题展开。

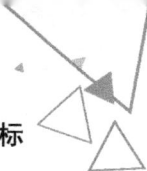

表 7-11　目标测量方法的确定

目标测量		
	度量类型	度量单位
目标方式		
	货币汇率	货币类型
	统计周期	数据统计频率
原始数据	原始数据来源	提供部门/人员（名称和职务）
数据形成方式		IT 软件系统名称

（1）目标方式包括度量类型（百分比/实数）、度量单位（小数点后几位）、货币汇率、货币类型、统计周期和数据统计频率等主要方式的定义。其中特别要注意的是：

- 从管理的精准度角度，度量单位要考虑到小数点后 1~2 位，避免由于四舍五入所带来的管理争议。
- 如果该业务的运营涉及外币，那么在下达目标的过程中，需要企业给出明确的固定汇率。因为绩效目标承担者无法对汇率的变化产生影响。

（2）统计周期直接决定了目标周期性数据分解的时间跨度。

（3）原始数据是在定义目标的初期，明确未来评价该目标的数据提供者（部门），以保证数据来源的路径清晰、责任明确。

（4）数据形成方式。如果评估数据是通过信息化系统实现的，就必须明确信息化系统的名称、数据形成的时间节点等关键信息。

3. 目标责任的确定

目标责任（见表 7-12）包括目标值提供人、目标结果提供人、目标结果审核人、目标结果批准人四个关键角色的定义，其取决于企业组织的层级及架构。

表 7-12　目标责任的确定

目标责任	
目标值提供人（姓名和职务）	
目标结果提供人（姓名和职务）	
目标结果审核人（名称和职务）	
目标结果批准人（名称和职务）	
备注说明	

4. 周期数据的分解

如果在目标测量定义中明确了绩效目标的时间跨度，那么设定的绩效目标就需要进行分时段的细分标准再定义。这种再定义存在两种不同的选择：一是在统计周期范围内，设定的绩效目标值保持不变，如产品生产按时交付率，每个月都要 100%实现；二是企业根据以往运营的实际数据以及业务周期规律，针对不同阶段下达不同标准的目标，如产品生产按时交付率，第 1季度为 90%，第 2 季度为 100%，第 3 季度为 100%，第 4 季度为 95%。但是，不论哪种选择，都是基于运营管理对业务可控度的需求，这种需求是需要明确到具体数据上的。

绩效目标管理规则建立的模板和案例分别如表 7-13 和表 7-14 所示。

表 7-13　绩效目标管理规则建立模板

目标标准的定义	
目标名称	
目标描述/定义	
责任人（名称和职务）	
目标计算公式/算法	
目标导向	

续表

目标测量			
目标方式	度量类型	度量单位	
	货币汇率	货币类型	
	统计周期	数据统计频率	
原始数据	原始数据来源	提供部门/人员（名称和职务）	
数据形成方式		IT 软件系统名称	

目标责任	
目标值提供人（姓名和职务）	
目标结果提供人（姓名和职务）	
目标结果审核人（名称和职务）	
目标结果批准人（名称和职务）	
备注说明	

表 7-14 绩效目标管理规则建立案例

目标标准的定义	
目标名称	新产品销售占比
目标描述/定义	公司当年推出的新产品销售额占全年销售额的比例，以此促进新产品的快速市场化
责任人（名称和职务）	销售总监
目标计算公式/算法	新产品销售占比=（新产品销售额/年度销售总额）×100%
目标导向	越大越好

目标测量		
目标方式	度量类型	度量单位
	百分比	小数点后一位
	货币汇率	货币类型
	无	人民币
	统计周期	数据统计频率
	年度	月度

续表

原始数据	原始数据来源	提供部门/人员（名称和职务）	
	公司营销管理部	销售数据统计专员	
数据形成方式	公司信息管理系统	IT 软件系统名称	ERP-CRM
目标责任			
目标值提供人 （姓名和职务）	公司总裁×××		
目标结果提供人 （姓名和职务）	公司销售总监×××		
目标结果审核人 （名称和职务）	公司经营业务总监×××		
目标结果批准人 （名称和职务）	公司总裁×××		
备注说明	对新产品，公司要明确当年正式上市的时间		

本章小结

- 运营管理目标，来自企业最终价值追求的导向。
- 定方向、找程度、建规则，是实现运营管理目标的三项基本任务。

第 8 章

价值流理念在企业管理中
的常见应用场景及价值

在企业管理中，价值流理念不仅能帮助管理者构建企业的运营管理体系，而且围绕 PDCA 循环，还能发挥更多的价值（见图 8-1）。

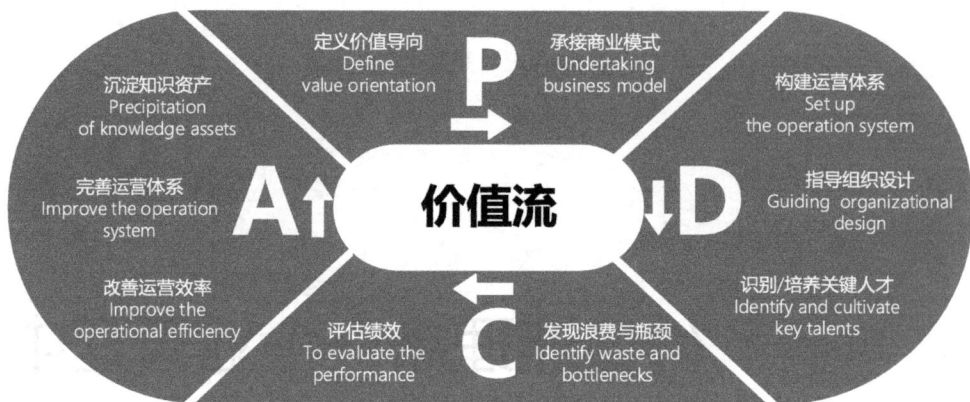

图 8-1　价值流理念在企业管理中的应用价值

- 在规划阶段（P）：企业明确价值导向之后，价值流能够承接企业商业模式，将业务规划有效落实到运营层面（关键业务/核心资源）。
- 在执行阶段（D）：价值流能够指导企业构建运营管理体系，以及组织架构的设计，同时为关键岗位及人才能力的识别和培养提供重要基础。
- 在评估阶段（C）：价值流为评估绩效结果、发现浪费及业务瓶颈提供了识别方法及改善点。
- 在改善阶段（A）：价值流为绩效改善及运营管理体系完善提供了全景化思维方式，让企业能够沉淀更多的成功经验和知识资产。

下面就几个关键应用场景概要介绍价值流的应用方式及价值。

承接商业模式

商业模式的规划与设计，是企业战略管理中不可或缺的环节。企业通过对目标客户、价值主张、客户关系、渠道通路、收入来源、关键业务、核心资源、重要合作、成本结构九个方面的详细定义，确定了企业的发展方向以及资源准备方向，同时，也为运营管理体系的构建以及价值的流动方式提供了选择（见图 8-2）。

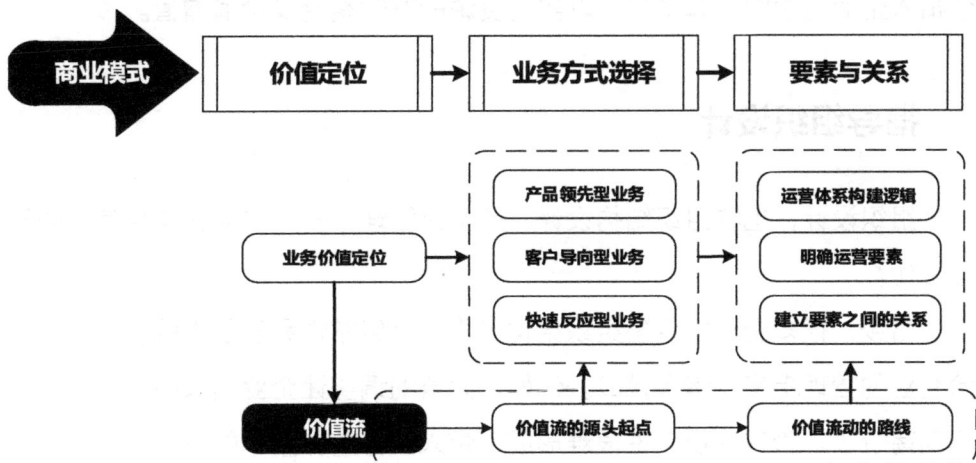

图 8-2　承接商业模式

- 目标客户及价值主张：明确了业务模式的定位（产品领先、客户导向、快速反应），为价值创建运营管理体系指明了方向。
- 客户关系及渠道通路：确定了价值传播运营管理体系搭建的方式和内容。
- 关键业务及核心资源：确定了运营管理体系四大价值链的优先顺序，以及关键要素的连接关系，即价值流动的路线。
- 重要合作：决定了价值实现运营管理体系中供应链的长度和宽度。
- 收入来源及成本结构：决定了运营管理体系的绩效导向。

价值流承接商业模式的切入点，有两个。

- 价值流的源头起点：对不同的业务模式，价值流的第一个启动要素是有区别的。

- 价值流动的路线：对不同的业务模式，跨职能之间的价值流动也是不同的。

总之，商业模式的设计与评估是企业运营管理体系搭建的原则和方式的关键输入要素，也是企业未来追求的商业价值的定义。价值流将上述定义有效植入企业运营管理体系中，以实现资源的有效整合及价值增值。

指导组织设计

组织设计，也称组织结构设计，是企业管理中一个非常重要且常见的管理工作。

当今，很多企业把调整组织结构当作一个经常性和反复性的管理行为，给企业的管理带来了诸多挑战。例如，频繁的调整让企业的核心业务长期处于动荡阶段，管理的规范性很难形成，带来业务整体效率的波动。

之所以会产生这样的问题，是因为企业对自身整体价值的流动方式没有进行详细的设计与规划。

价值流驱动的运营管理体系的构建，能够为企业在组织设计上带来价值：

- 基于企业整体价值导向，而非业务自身导向，定义业务管理的责任和目标。
- 基于价值的流动，定义业务之间的管理关系，以及关键工作成果的输入与输出标准，让管理责任更加行为化、成果化、标准化。
- 基于业务边界的定义，为组织设计和优化提供渐进式发展的管理手段。

例如，按照价值流规划，可以看到不同业务管理活动及责任的定义。但是，在企业尚不具备详细拆分管理职责的时候，在一个业务管理中，可以涵盖未来需要拆分的管理职责，并有计划地进行能力孵化，使其不断成熟。当管理者需要强化该职责的时候，就能够快速形成管理能力。

先有价值、再有结构，应该是组织设计的根本原则。价值流是在帮助企业定义管理行为的基础上，进一步强化了对价值（职责要求的能力）标准的定义（输出标准）。所以，企业整体价值流的构建与持续完善是帮助企业组织设计和持续优化的重要前提（见图 8-3）。

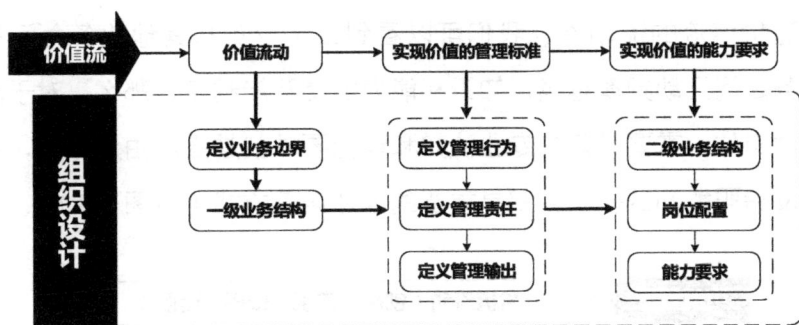

图 8-3　指导组织设计

识别/培养关键人才

关键人才是基于企业的核心业务必须设定的岗位（对应的专业人才和管理人才），是企业业务持续发展的重要资源。

1. 价值流促进人才识别的准确性

人才的识别是在核心业务场景下通过业务过程的划分和责任的划分，在需要什么样能力的人的管理过程中体现出来的。它是组织设计之后的管理延续，也是保证组织功能、正确体现价值的基础。

从价值流的分析中我们可以看到，企业核心业务对人才要求的能力定义，以及相应的配置标准。那么，企业就可以通过对现有人员的能力评价，识别出存在的配置差距和能力差距，为人才培养提供准确的目标（数量和质量）。

2. 价值流为人才培养提供了方法和路径

价值流最大的特点是价值性和流动性。每次价值的流动都在为最终的价值做增值管理。每个增值过程对岗位能力的专业深度和影响强度、专业广度和影响范围都有不同的要求。即使对同一类岗位，也可将其能力的要求划分为进入层、工作层、指导层和专家层等层级。

通过价值流的流动性，我们可以看到每个业务与其他业务之间的协同性。业务之间互动频率越高，知识和能力的交互就越多，那么，对于两个业务的关键岗位，需要具备的专业认知和能力要求就越高。由此可见，部门内部轮岗及跨职能间的轮岗，都是重要的人才培养方式（见图 8-4）。

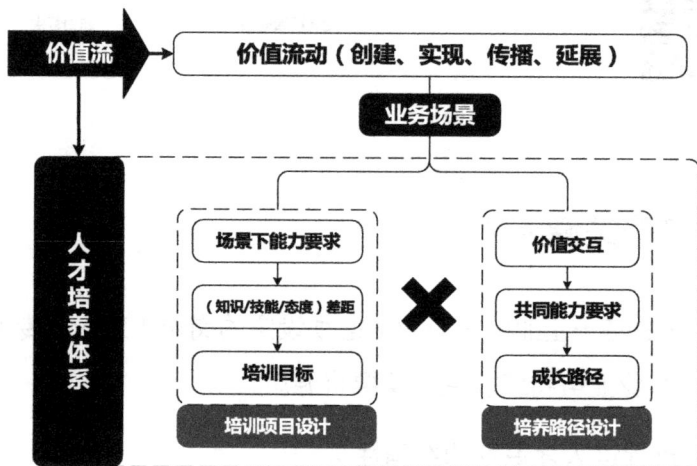

图 8-4　识别/培养关键人才

改善运营效率

运营效率的评估与改善，是运营管理的核心目标，也是绩效改善的核心内容。

围绕运营效率的评估有很多有效的管理方法。其中，复盘就是非常重要且常见的方法。不论采用什么方法，复述业务过程、查找浪费和瓶颈都是运营效率评估的主要方式和手段（见图 8-5）。

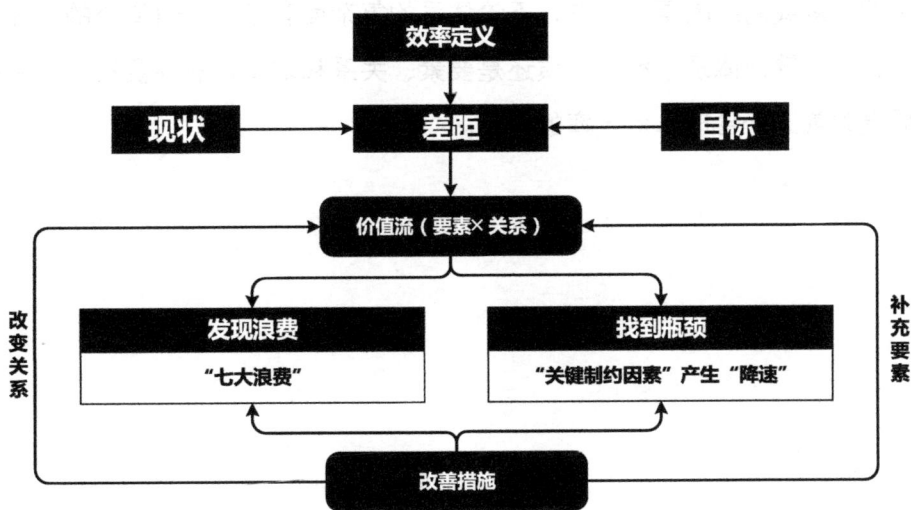

图 8-5　改善运营效率

1. 发现七大浪费并加以改善

浪费是指在运营管理过程中存在的动作、等待、搬运、库存、次品、加工、生产过剩七大浪费（精益理念）。业务价值流可以帮助我们更加准确地发现浪费所在的关键业务过程，并通过价值连接关系的调整以及资源要素的补充，实施运营效率的改善。

2. 发现瓶颈并加以改善

瓶颈是指整体运营管理体系下的关键限制环节，也就是价值流动的降速环节。这种降速对于整体运营管理体系的有效运转会带来阻碍。

价值流驱动的运营管理体系可以帮助我们准确定位降速环节在哪里，并通过对该价值流向展开业务流程的详细评估来识别问题所在。因此，挖掘瓶颈潜能、迁就瓶颈因素（降低中间库存）、给瓶颈因素松绑等措施就是瓶颈改善的主要手段（具体可参考高德拉特的约束理论）。

价值流为识别浪费和瓶颈提供了可视化的过程描述。

在不同的企业、不同的业务模式中，运营管理体系效率的改善会有很多不可控因素或制约因素。但是，不论体系的复杂度有多高，价值流的过程有多长，运营管理体系效率的本质还是要素、关系和增值，抓住要素与关系的本质是改善运营管理体系效率的根本。

后记

　　曾几何时，"运营管理"四个字在企业管理中被视为神秘的象征，有时也被视为日常。之所以这样，是因为企业的管理者没有对运营管理有一个全面的认识。

　　价值定义的不清晰，必然不会有认知的觉醒；认知的不完善，必然带来管理的失衡。当企业的每个业务板块都是基于自身的管理需求，而忽略了企业最终价值追求的时候，价值实现的过程必然存在多重阻碍。

　　连接、协同、融合，是当今企业在整体经济大环境下必须面对的三个关键词。不论是外部产业之间的连接，还是供应链上各要素之间的连接，都是评价企业敏感性和柔韧性的关键。企业要想适应外部发展趋势，首先必须解决企业内部的连接、协同、融合的问题，也就是，企业运营管理的关键是整体效率最大化，其核心在于协同效应。

　　完成本书的撰写，是我多年的梦想。这也是我继《目标管理》出版之后，最期望完成的一本书。之所以这样期望，其实就是上述原因导致的。

我希望通过这样一种方式，为广大读者带来对运营管理的全新认知：

运营管理，是企业管理的核心抓手。

运营管理，是对企业价值实现全过程，进行可视化展示的管理过程。

运营管理，是企业各个管理要素之间连接、协同、融合的运行机制。

运营管理并不神秘，因为任何管理都有其自身的内在逻辑。

运营管理也不简单，因为每个管理过程都需要我们投入足够的耐心。

如果把人生看成一场旅行，那么工作也可以被看成一种修行。运营管理体系的构建，以及持续完善的过程，是企业乃至所有参与者实现自我修行的一种方式。